Omas gegen Rechts

In über 150 Orten gibt es bereits Gruppen

[Begleittext teilweise unleserlich]

Todesopfer linker Gewalt ...
in Deutschland, 1990–2024

... und rechter Gewalt
in Deutschland, 1990–2024

4

238

Jahr der Tat

1990-94 · 1995-99 · 2000-04 · 2005-09 · 2010-14 · 2015-19 · ab 2020

Hoffnungsschimmer
Checkliste
Was kann man gegen Rechtsextremismus machen

- demokratische Partei wählen ☐
- einer demokratischen Partei beitreten ☐
- für Demokratie demonstrieren ☐
- Graswurzelbewegungen gründen ☐
- in demokratischen Vereinen organisieren ☐
- für demokratische Initiativen spenden ☐
- unabhängige Medien stärken ☐
- ... ☐

♦ KATAPULT

Rechtsextremismus bekämpfen.
Was sagt die Wissenschaft?

Wie können wir unsere demokratischen Werte sichern und gleichzeitig den zunehmenden Rechtsextremismus effektiv bekämpfen? Dieses Buch versammelt den weltweiten Forschungsstand zu diesem hochaktuellen Thema und bietet einen umfassenden Überblick über wirksame Maßnahmen.

Sachbuch | 96 Seiten | Klappenbroschur | 15,00 € (D) | 15,50 € (A)

www.katapult-verlag.de

♦ KATAPULT
VERLAG

Wieder verliebt

Im Schrank vor meinem Schreibtisch stapeln sich neben Romanen und Zeitschriften Tausende Karteikarten mit juristischen Definitionen. Erst habe ich sie aus dicken Büchern abgeschrieben, dann immer wieder gelesen. Lernen ist gleich schreiben – dachte ich zumindest.

Dann kamen Podcasts und seitdem ist hören gleich merken. Podcasts atmen Pressefreiheit: kostenlos, vielfältig, frei. Jede:r kann sich ein Mikrofon kaufen und los geht's. Ohne sie wären abspülen und Wäsche aufhängen eine traurige Angelegenheit und beim Zugfahren müsste ich mit anderen Passagieren reden.

Für mich stehen Podcasts außerdem für eine Versöhnung mit dem Jurastudium. Weil ich weder Richterin noch Anwältin werden konnte oder wollte, habe ich mich lange Zeit gefragt, warum ich mich eigentlich selbst so gequält habe mit zermürbenden Vergleichen und Klausurenangst.

Eine Antwort fand ich in der Idee, einen Podcast zu machen, der genau davon handelte, was mich an Jura interessierte: die Verbindung zwischen Recht und Fragen aus Politik, Philosophie oder Geschichte. *Recht nett* hieß er.

Dank ihm habe ich gelernt, zu schreiben, um zu sprechen; zu sprechen, um mich aufzunehmen; mich aufzunehmen, um zu schneiden; zu schneiden, um zu veröffentlichen. Mit jeder Veröffentlichung war ich wie verliebt und schaute alle drei Minuten auf mein Handy, um die Abrufe in Echtzeit zu verfolgen.

Seit zwei Monaten bin ich wieder verliebt. Seit zwei Monaten mache ich einen neuen Podcast, *KATAPULT der Woche*. Seit zwei Monaten verwandle ich unsere vielen Veröffentlichungen, die Karten, Grafiken und Artikel, in Worte und lenke sie in eure Ohren.

Matze Hielscher von *Hotel Matze* sendete seinen Podcast während Corona aus der Abstellkammer. Mich hört ihr aus meiner Küche, dort gelingt der Ton am besten. Gerade baue ich an einer kleinen Aufnahmebox aus Holz. Drückt ihr auf Play, leuchtet ihr anschließend auf meinem Handy auf – und werdet automatisch Teil meiner Verliebtheit. Seid ihr dabei? 🎤

ELLA DAUM
Redakteurin & Podcasterin

CORNELIA SCHIMEK
Redakteurin
+ KATAPULT-Cörnchen

Der mittelste aller Plätze

Wir alle wissen: Benni hat vor fünf Jahren geschummelt. Sogar ziemlich. 2020 sollten wir alle in einem Wettbewerb eigene Magazinideen vorstellen. Anonym natürlich, damit wirklich die beste Idee gewinnt. Ihr, die Abonnierenden, konntet dann über so geniale Einfälle wie das „Magazin für schlechte Laune" oder „Kloppe" abstimmen. Auch das CÖRNCHEN stand zur Wahl – mein Vorschlag. Die Idee war so einfach, dass ich mich ehrlich gesagt gewundert habe, dass nicht alle drauf gekommen sind: KATAPULT für Kinder. Wir sind ja eh schon Spezialisten für bunte, abwegige und witzige Karten – die beste DNA also für ein Kindermagazin. Ich war also überzeugt: das Ding gewinnt.

Szenenwechsel: Spieleabend vor sechs Jahren. Benni im anderen Team, gespielt wird Tabu. Anstatt ordentlich und sauber das gesuchte Wort „Gandalf" in Runde Pantomime darzustellen, hat er es immer geflüstert – und zwar ohne es zu merken. Er war so fokussiert aufs Siegen. Ich hatte also schon einen leisen Anfangsverdacht, dass Benni gerne gewinnt. Und so war es dann auch beim Wettbewerb. Er hat einen ganz vorsichtigen Hinweis gegeben, welcher Vorschlag von ihm sein *könnte*. Seine Idee: TORPEDO. KATAPULT für Naturwissenschaften. Unter dem Vorschlag stand dann: „Tausend Leute haben mich gefragt, warum wir nicht auch Naturwissenschaften machen. Na gut! (Benjamin Fredrich)". Na toll. Ich bin keine Expertin, aber Profis nennen das meines Erachtens „Wettbewerbsverzerrung".

CÖRNCHEN hat damals also ehrenvoll den mittelsten aller Plätze gemacht. Ohne Bennis Trick, davon bin ich überzeugt, wäre alles irgendwie ganz anders gekommen. Er sieht das ganz ähnlich und darum liegt diesem Magazin das erste Mal das CÖRNCHEN bei. Für euch, weil ihr Lust auf ganz liebevoll und niedlich illustriertes Wissen habt. Oder weil ihr Kinder kennt, die schon immer Bock auf Karten und Schaubilder hatten. Und obwohl er schummelt wie Sau, tausend Dank, Benni, dass wir das CÖRNCHEN ausprobieren. Ich freu mich irre. ⬇

Bambusbjörn

KATAPULT hat im Lotto gewonnen: fast eine Million. Was machen wir damit? Karten! Poster! Wimmelbilder! Das Kindermagazin CÖRNCHEN!

Unser schönster Buchhändler Otto (Buchhandlung Bad Belzig) kann es gar nicht glauben, aber KATAPULT dreht jetzt durch. Und das ist gut so. Das neue KATAPULT-Controlling macht aus diesem Saftladen einen kontrollierten Saftladen und unsere Buchhaltung bumst dem Finanzamt Greifswald jeden Bericht ins Fax! Das Amt dankt.

Von so viel Lottogeld kann man doch mal ein neues Logo bauen, denke ich. Tim II zeichnet für unser neues Kindermagazin ein Kartentier namens Bambusbjörn. Otto meint: „Das ist ein Brötchen." Ich stehe daneben und haue auf den Tisch: Bambusbjörn, das Brötchen? Genial! Kommt aber erst in Ausgabe zwei raus. Denn das Rennen für Ausgabe eins hat ein niedliches Rapscörnchen gemacht. Liebe!

KATAPULT hat übrigens nicht im Lotto gewonnen. Die knappe Million ist trotzdem korrekt. Es ist ungefähr und eventuell der KATAPULT-Gewinn vom letzten Jahr, aber nur, wenn ich hier gerade die Wahrheit sage (Das Amt liest schließlich mit!). Wofür wir das Geld ausgeben? Wir investieren es in Qualität und Sicherheit. Mehr nicht. Qualität und Sicherheit. Fifty-fifty! Bambusbjörn und Controlling. Qualität. So radikal wie möglich! Und Sicherheit.

Fifty-fifty ist derzeit in Mode. Alle Buchhandlungen bekommen von unserem Buchverlag einen Buchhandelsrabatt von 50 Prozent. Brötchen-Otto will als gewiefter Buchhändler trotzdem verhandeln und schlägt Sixty-sixty vor. Ich rechne es alles noch mal durch, gucke

schweigend, aber vielsagend in die Luft und stimme zu. Abgemacht! Aber dann gilt das jetzt für alle Buchhandlungen.

Was ich hier eigentlich die ganze Zeit sagen will: KATAPULT Sachsen startet. Am **22. August** erscheint die erste Ausgabe – und ihr kommt alle nach Chemnitz! Haltet euch den Tag frei! Wir feiern Eröffnung! Bunt und laut! Und zwar da, wo's am meisten gebraucht wird: auf dem Sonnenberg, dem vielleicht bald buntesten Kiez überhaupt. Wir haben fast ein Jahr lang die Redaktion aufgebaut und einen niedlichen Buchladen eröffnet.

Gleichzeitig ist Chemnitz zur Hochburg der härtesten Rechtsextremen geworden. Und trotzdem, oder gerade deswegen, entstehen in dieser Stadt viele Projekte, die dagegenhalten. Kommt rum, guckt euch die kreativen und demokratischen Projekte dieser Stadt an. Chemnitz ist ja immerhin Kulturhauptstadt Europas! Macht mit! Ich verspreche euch: Ich lerne bis dahin Latte Art und pinsel euch einen ordentlichen Bambusbjörn in den Kaffee. ✐

BENJAMIN FREDRICH
Herausgeber

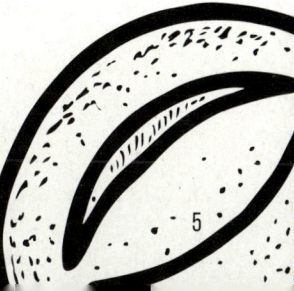

INHALT

18 FAMILIENRECHT
WIE GEWALT AN FRAUEN UND KINDERN BAGATELLISIERT WIRD

„Eltern-Kind-Entfremdung" ist ein Kampfbegriff. Er ist unwissenschaftlich – und bestimmt trotzdem die juristische Praxis. Und auch die AfD macht damit Politik.

2023
92.293

2020
87.085

2022
88.573

2019
83.445

2021
81.638

Weibliche Betroffene von körperlicher Gewalt in Partnerschaften

32 STUDIE
DIE BRANDMAUER HÄLT ZU 81,2 PROZENT

34 GESCHLECHTERGERECHTIGKEIT
GLEICHSTELLUNG GEHT NORWEGERN MITTLERWEILE ZU WEIT

36 VORURTEILE VON KI
CHATGPT DISKRIMINIERT OSTDEUTSCHE

Dass künstliche Intelligenz sexistisch und rassistisch sein kann, ist bekannt. Eine neue Studie zeigt nun: Auch Stereotype über Ostdeutschland hat ChatGPT drauf.

Laut ChatGPT sind die Einwohner
hier unterdurchschnittlich ...

... sympathisch

... attraktiv

... intelligent

42 AFRIKA-SPEZIAL

49 VERTEIDIGUNG
KAMPFBEREITSCHAFT NIMMT WELTWEIT ZU

50 ENTWALDUNGSFREIE LIEFERKETTEN
WALDSCHUTZ MIT AUSNAHMEN

52 SECHS MONATE NACH ASSAD
WAS WIRD JETZT AUS SYRIEN?

Der Sturz der Diktatur in Syrien Ende 2024 kam für viele überraschend. Ein halbes Jahr später ist die Ernüchterung groß: Auch die neue Führung setzt auf autoritäre Strukturen. Die syrische Zivilgesellschaft gibt jedoch Anlass zur Hoffnung.

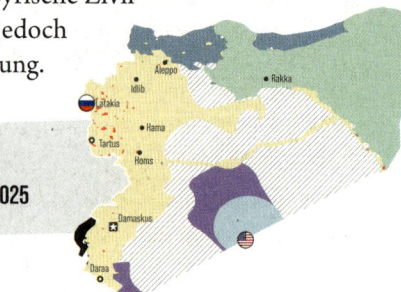

Gebietskontrolle in Syrien im Mai 2025

60 STERBERISIKO
GEWOHNHEITEN SCHLAGEN GENE

62 HORRORSTUDIEN
DIE VERGESSENEN FRAUEN VON PUERTO RICO

Im Sommer 1955 beginnt in Puerto Rico eines der umstrittensten medizinischen Experimente des 20. Jahrhunderts – die erste große klinische Studie zur Antibabypille. Mehr als 1.500 Frauen werden über Jahre hinweg mit einem neuartigen Hormonpräparat behandelt, drei von ihnen sterben. Die Pille, heute als Symbol sexueller Selbstbestimmung gefeiert, begann mit einem Kapitel systematischer Fremdbestimmung.

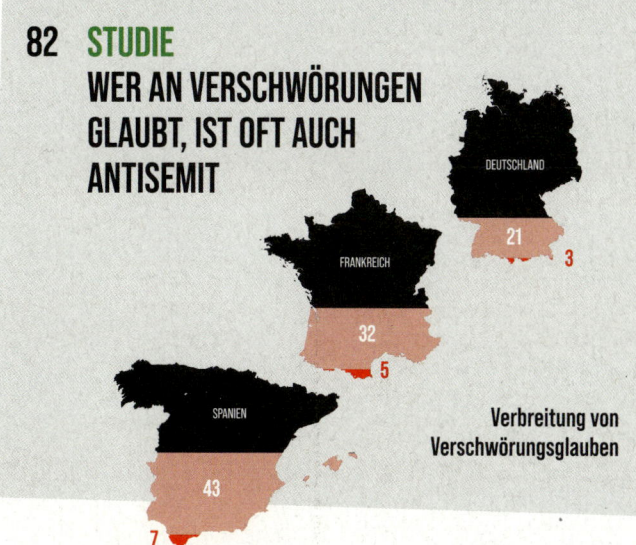

Finde 31 Amseln!

ALLES FÜR ALLE

Wie Politiker die Wähler einschätzen

in Prozent, 982 interviewte Politiker
März 2022 bis März 2023

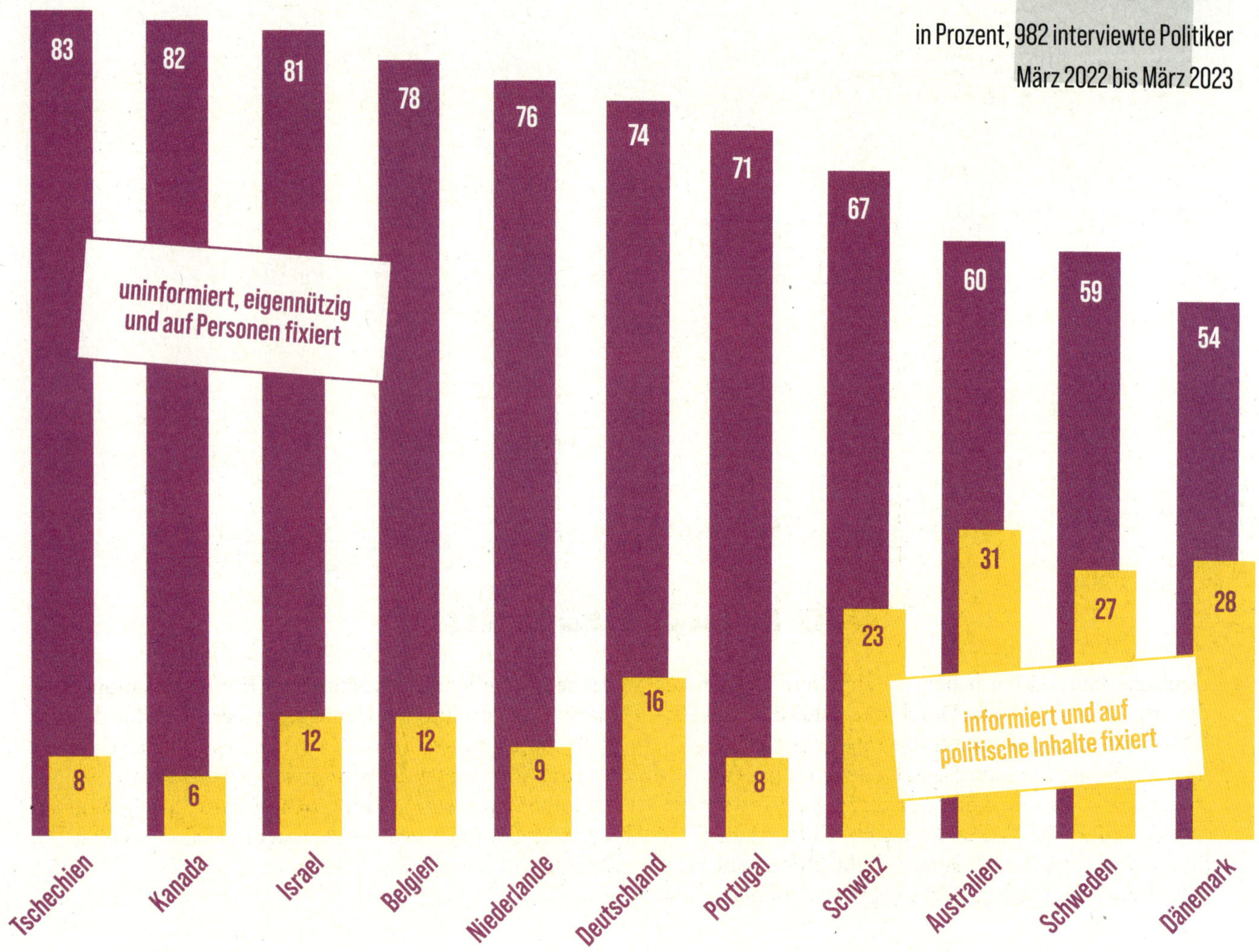

uninformiert, eigennützig und auf Personen fixiert

informiert und auf politische Inhalte fixiert

	Tschechien	Kanada	Israel	Belgien	Niederlande	Deutschland	Portugal	Schweiz	Australien	Schweden	Dänemark
violett	83	82	81	78	76	74	71	67	60	59	54
gelb	8	6	12	12	9	16	8	23	31	27	28

DEMOKRATIE

Wähler sind dumm, finden Politiker

Die Wähler achten mehr auf die Gesichter der Politiker als auf deren Programme, denken kurzfristig und kümmern sich wenig um Inhalte – meinen die Politiker. Und je länger Letztere im Amt sind, desto zynischer blicken sie auf die Wählerschaft – zeigt eine internationale Studie mit 1.000 interviewten Politikern und 12.000 befragten Bürgern aus elf Ländern.

Dieses Bild entspricht dem Konzept des sogenannten demokratischen Realismus, wonach Wähler eher impulsiv und emotional statt informiert und rational entscheiden. Viele Bürger, stellen die Studienautoren fest, sehen sich selbst aber anders – als informiert und rational.

Auch andere Studien widersprechen dem Bild: Wähler denken oft gesamtgesellschaftlich orientiert und nicht nur egoistisch. Und glauben Politiker, dass ihnen niemand zuhört, setzen sie eher auf Schlagworte, vermeiden eine langfristige Politik und fördern damit selbst das oberflächliche Politikbild, welches sie kritisieren. ◆

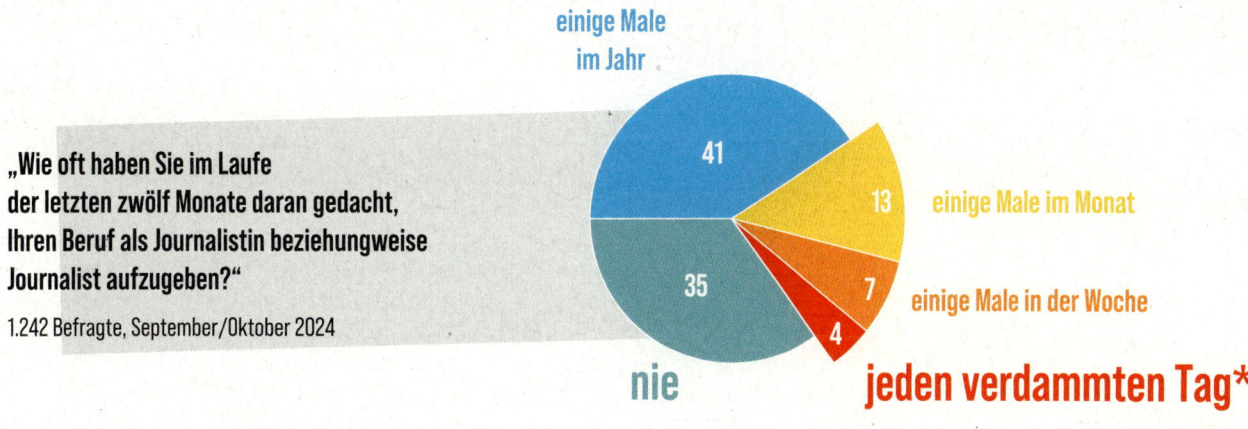

„Wie oft haben Sie im Laufe der letzten zwölf Monate daran gedacht, Ihren Beruf als Journalistin beziehungweise Journalist aufzugeben?"

1.242 Befragte, September/Oktober 2024

einige Male im Jahr — 41

einige Male im Monat — 13

einige Male in der Woche — 7

jeden verdammten Tag* — 4

nie — 35

*echte Antwort: *jeden Tag*

JOURNALISMUS

Die leidende Zunft

Deutsche Journalisten haben ein etwa fünfmal höheres Depressionsrisiko als die Durchschnittsbevölkerung. Sie berichten von schlechten Aufstiegschancen, Konkurrenzdruck, geringer Bezahlung und langen Arbeitszeiten. Besonders belastend sind hohe Erwartungen, eine schwierige Work-Life-Balance und fehlende Unterstutzung bei Stress. Fast zwei Drittel denken deshalb über einen Berufswechsel nach, jeder Zehnte sogar wöchentlich.

Das zeigt eine Studie des Münchner Kommunikationswissenschaftlers Thomas Hanitzsch. Über die Hälfte der 1.301 Befragten ist gefährdet, an einer Depression zu erkranken; bei 22 Prozent besteht sogar das Risiko einer schweren Depression. 44 Prozent berichten von eigenen psychischen Problemen – sechs von zehn haben dies bei Kollegen beobachtet. 🍦

Journalist:innen in Deutschland mit ...

Anteil in Prozent, 1.301 Befragte, September/Oktober 2024

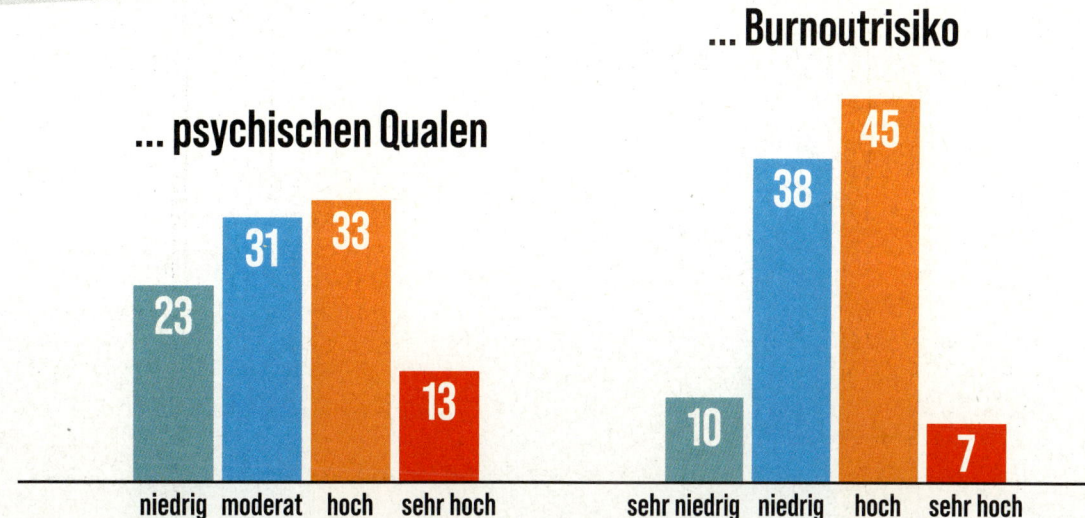

... Burnoutrisiko

... psychischen Qualen

niedrig	moderat	hoch	sehr hoch
23	31	33	13

sehr niedrig	niedrig	hoch	sehr hoch
10	38	45	7

Länder, die sich in den letzten 100 Jahren umbenannt haben

Auswahl

Einige Länder haben ihren Namen mehrfach geändert. Hier wird nur die jeweils letzte Änderung aufgeführt

Czech Republic
+ Czechia

Im Deutschen nennt man die Tschechische Republik oft *Tschechien*. Im Englischen hieß das Land zunächst nur *Czech Republic*. Deshalb führte die tschechische Regierung 2016 die englische Kurzform *Czechia* ein.

~~Obervolta~~
Burkina Faso

1984 legte die damalige Republik Obervolta ihren Kolonialnamen ab. Bereits 1960 war sie von Frankreich unabhängig geworden. Die französische Landesbezeichnung bezog sich auf den Fluss Volta, der in Burkina Faso entspringt. Der neue Name bedeutet übersetzt *Land des aufrichtigen Menschen*.

~~Mazedonien~~
Nordmazedonien
[2019]

~~Elfenbeinküste~~
Côte d'Ivoire

Die ehemalige französische Kolonie wurde 1960 unabhängig und gab sich den Namen *République de Côte d'Ivoire*. 1985 beschloss die Regierung, Übersetzungen wie *Elfenbeinküste* (Deutsch), *Ivory Coast* (Englisch) oder *Costa de Marfil* (Spanisch) offiziell abzulehnen. Es ist also keine echte Umbenennung, sondern eher eine Strategie zur Stärkung der eigenen Identität, obwohl hierzulande die Übersetzung immer noch geläufig ist.

~~Cape Verde~~
Cabo Verde
[2013]

~~Rhodesi~~
Simbabw
[1980]

~~Surinam~~
Suriname

Vor der niederländischen Kolonialisierung (1667-1954) war Suriname für kurze Zeit britisch und hieß *Surinam*, also ohne *-e*. Erst 1978 passte die britische Regierung die englische Schreibweise an die niederländische Originalform an. Es ist insofern keine echte Umbenennung.

~~Südwestafrika~~
Namibia
[1990]

~~Swasiland~~ eSwatini

Zum 50. Jubiläum der Unabhängigkeit von Großbritannien benannte der König von Swasiland sein Land 2018 in *eSwatini* um. Die Bedeutung ist dieselbe, aber es ist die ursprüngliche Bezeichnung in der Landessprache siSwati: *Land der Swasi*. Neben der Abkehr vom Kolonialnamen soll auch die Verwechslungsgefahr mit der englischen Bezeichnung für die Schweiz, *Switzerland*, Grund für die Umbenennung gewesen sein.

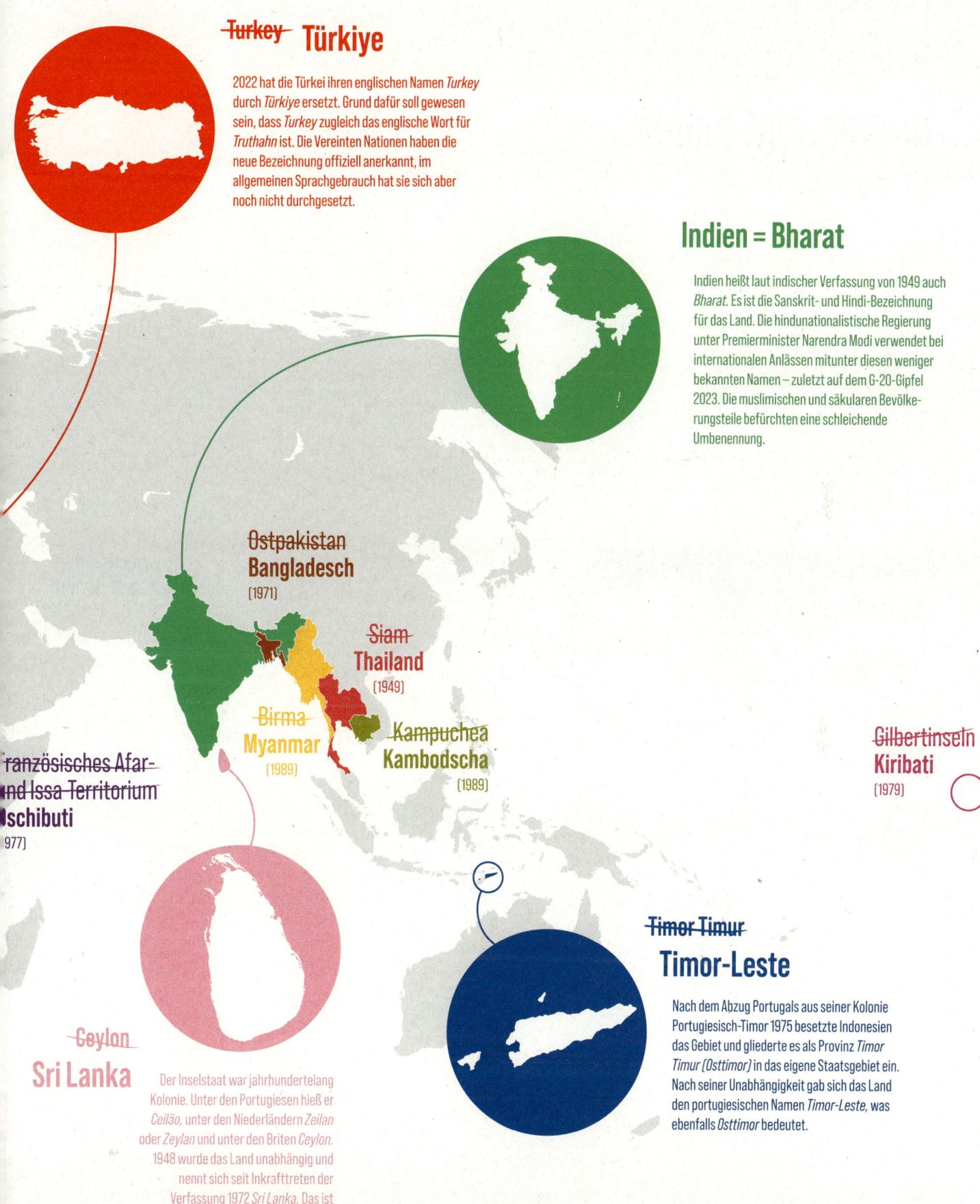

~~Turkey~~ Türkiye

2022 hat die Türkei ihren englischen Namen *Turkey* durch *Türkiye* ersetzt. Grund dafür soll gewesen sein, dass *Turkey* zugleich das englische Wort für *Truthahn* ist. Die Vereinten Nationen haben die neue Bezeichnung offiziell anerkannt, im allgemeinen Sprachgebrauch hat sie sich aber noch nicht durchgesetzt.

Indien = Bharat

Indien heißt laut indischer Verfassung von 1949 auch *Bharat*. Es ist die Sanskrit- und Hindi-Bezeichnung für das Land. Die hindunationalistische Regierung unter Premierminister Narendra Modi verwendet bei internationalen Anlässen mitunter diesen weniger bekannten Namen – zuletzt auf dem G-20-Gipfel 2023. Die muslimischen und säkularen Bevölkerungsteile befürchten eine schleichende Umbenennung.

~~Ostpakistan~~
Bangladesch
(1971)

~~Siam~~
Thailand
(1949)

~~Birma~~
Myanmar
(1989)

~~Kampuchea~~
Kambodscha
(1989)

~~Gilbertinseln~~
Kiribati
(1979)

~~Französisches Afar-~~
~~und Issa Territorium~~
Dschibuti
(1977)

~~Ceylon~~
Sri Lanka

Der Inselstaat war jahrhundertelang Kolonie. Unter den Portugiesen hieß er *Ceilão*, unter den Niederländern *Zeilan* oder *Zeylan* und unter den Briten *Ceylon*. 1948 wurde das Land unabhängig und nennt sich seit Inkrafttreten der Verfassung 1972 *Sri Lanka*. Das ist Sanskrit und bedeutet *ehrenwerte Insel*.

~~Timor Timur~~
Timor-Leste

Nach dem Abzug Portugals aus seiner Kolonie Portugiesisch-Timor 1975 besetzte Indonesien das Gebiet und gliederte es als Provinz *Timor Timur (Osttimor)* in das eigene Staatsgebiet ein. Nach seiner Unabhängigkeit gab sich das Land den portugiesischen Namen *Timor-Leste*, was ebenfalls *Osttimor* bedeutet.

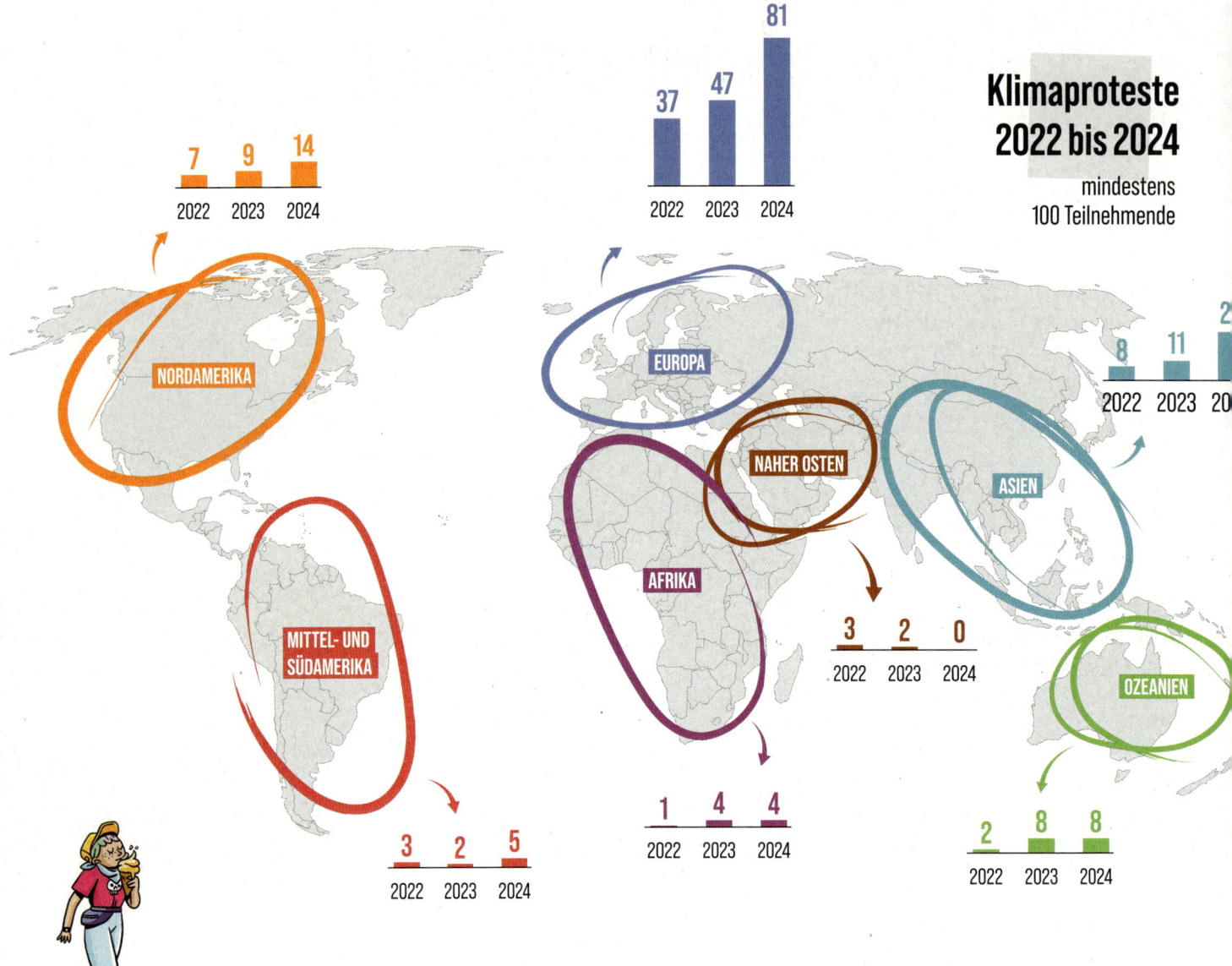

Klimaproteste 2022 bis 2024
mindestens 100 Teilnehmende

NORDAMERIKA: 7 (2022), 9 (2023), 14 (2024)

EUROPA: 37 (2022), 47 (2023), 81 (2024)

ASIEN: 8 (2022), 11 (2023), 2 (2024)

NAHER OSTEN: 3 (2022), 2 (2023), 0 (2024)

AFRIKA: 1 (2022), 4 (2023), 4 (2024)

MITTEL- UND SÜDAMERIKA: 3 (2022), 2 (2023), 5 (2024)

OZEANIEN: 2 (2022), 8 (2023), 8 (2024)

KLIMAPROTEST

Je radikaler, desto besser

Klimakleber sind unbeliebt. Das geht aus einer deutschlandweiten Umfrage der *ARD* hervor. Rund 85 Prozent der Befragten lehnen das Blockieren von Straßen und Verkehr ab. Eine Umfrage des *ZDF-Politbarometers* liefert ähnliche Ergebnisse: Nur knapp ein Viertel der Befragten ist der Meinung, dass der radikale Protest Politiker dazu bewegt, mehr für den Klimaschutz zu tun.

Eine neue Studie legt jedoch das Gegenteil nahe: Klimaprotest kann durchaus etwas bewirken – zumindest, was die Unterstützung durch die Öffentlichkeit angeht. Das Motto dabei: Je radikaler, desto wirksamer. Denn Klimaproteste, die als störend wahrgenommen werden, erzeugen Aufmerksamkeit, die auch gemäßigten Klimaaktivist:innen zugutekommt. In der Sozialwissenschaft ist dieses Phänomen als „Effekt der radikalen Flanke" bekannt. Ein Forschungsteam befragte gut 1.400 Personen zu ihrer Einstellung gegenüber der moderaten Initiative *Friends of the Earth* – sowohl vor als auch nach dem Protest der radikalen Gruppe *Just Stop Oil*, die vier Tage lang den Verkehr auf einer Londoner Autobahn blockiert hatte. Ergebnis: Der Anteil derjenigen, die die gemäßigte Gruppe unterstützten, stieg nach der Blockadeaktion um 3,3 Prozentpunkte – eine gute Nachricht für moderate Klimaaktivist:innen.

Einen messbaren Einfluss auf die tatsächliche britische Klimapolitik scheinen jedoch auch die radikalen Aktionen nicht zu haben.

EU-Vorgabe zu Mindestlohn wird kaum eingehalten

Deutschland liegt beim Mindestlohn auf Platz fünf in der EU. Werden die hohen Lebenshaltungskosten berücksichtigt, auf Platz sechs. Klingt unter den 22 EU-Ländern, die einen Mindestlohn haben, solide. Nach einer EU-Vorgabe vom Oktober 2022 soll der Mindestlohn jedoch 60 Prozent des mittleren Einkommens (des Medianlohns) betragen. Seit Ende 2024 muss sie umgesetzt sein – und die meisten EU-Staaten haben deshalb die Richtlinie in Gesetzen festgeschrieben. Bislang halten sich jedoch nur Portugal, Slowenien und Frankreich an die Vorgabe. Deutschland liegt mit 51,7 Prozent darunter.

Um die Weisung zu erfüllen, müsste der deutsche Mindestlohn in diesem Jahr auf rund 15 Euro angehoben werden. Derzeit liegt er bei 12,82 Euro. ⚑

In Deutschland beriet die Mindestlohnkommission noch bis zum 30. Juni – nach Redaktionsschluss – über Vorschläge zur neuen Höhe des Mindestlohns.

Länder, die die EU-Zielvorgabe
einhalten bzw. **nicht einhalten**

erfüllt bei Mindestlohn von mind. 60 Prozent des Medianlohns (2023)

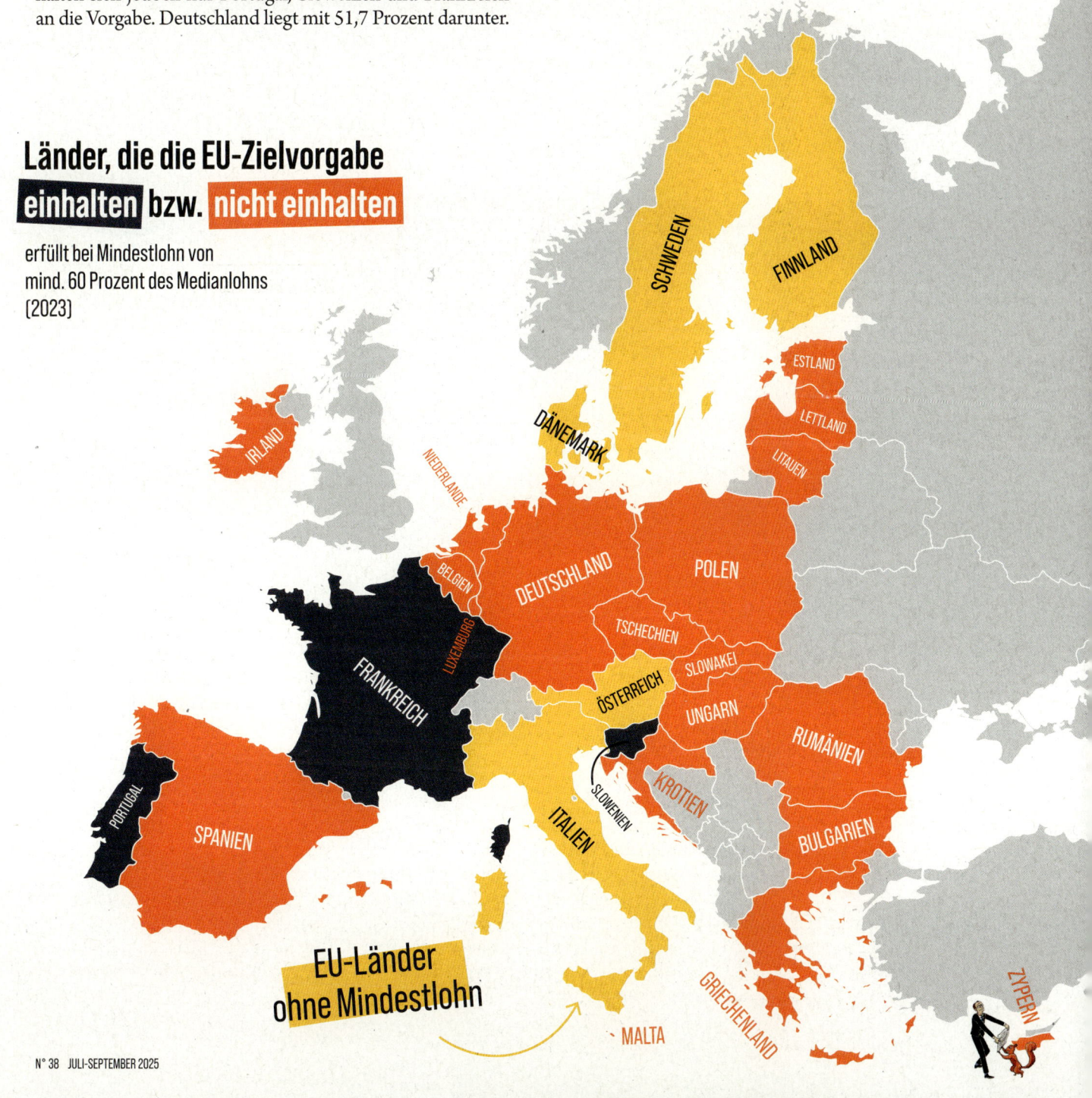

EU-Länder ohne Mindestlohn

Bevölkerungsdichte von Städten

und Gesamtzahl der Einwohner, 2023. Je höher die Spitze,
desto mehr Menschen leben in dem Stadtgebiet

 **Istanbul**
Türkei

15,6 Millionen

 Moskau
Russland

13,1 Millionen

 **Paris**
Frankreich

10,9 Millionen

 London
Vereinigtes
Königreich

8,9 Millionen

 Berlin
Deutschland

3,6 Millionen

 Madrid
Spanien

3,4 Millionen

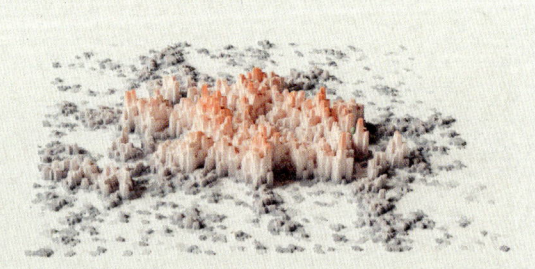

 **Kyjiw**
Ukraine
 **3,0** Millionen

 **Rom**
Italien
2,7 Millionen

 Warschau
Polen
1,9 Millionen

 **Stockholm**
Schweden
1,0 Millionen

 Amsterdam
Niederlande
0,9 Millionen

 **Greifswald**
Deutschland
0,062 Millionen

Wie Gewalt an Frauen und Kindern bagatellisiert wird

**„Eltern-Kind-Entfremdung" ist ein Kampfbegriff.
Er ist unwissenschaftlich – und bestimmt trotzdem die juristische Praxis.
Und auch die AfD macht damit Politik.**

VON **MATTHIAS MEISNER**

(1) Deutsches Institut für Menschenrechte (Hg): Monitor Gewalt gegen Frauen, S. 338, auf: institut-fuer-menschenrechte.de (Dezember 2024).

(2) Deutsches Institut für Menschenrechte (Hg): Monitor Gewalt gegen Frauen, Kurzfassung, S. 22, auf: institut-fuer-menschenrechte.de (Dezember 2024).

Es sind unfassbare und fast unglaubliche Zustände an Deutschlands Familiengerichten. Vorgänge wie dieser: Eine Berliner Rechtsanwältin berichtet von einer Mandantin, die „systematisch Opfer unrechter Machenschaften geworden ist". Sie habe ihre beiden minderjährigen Kinder an einen Vater verloren, der – so die Betroffene – vermutlich in organisierten Kindesmissbrauch verwickelt sei. „Keiner möchte sie mehr hören", sagt die Anwältin über ihre Mandantin.

Ein haarsträubender Fall aus Sachsen-Anhalt: Der Ex-Partner einer Mutter hatte gedroht, sie zu ermorden. Sie suchte in einem Frauenhaus Schutz. Deshalb wurde ihr „elterliche Entfremdung" vorgeworfen – und sie sollte ein Ordnungsgeld von 500 Euro zahlen. Der Beschluss wurde erst nach Einlegen weiterer Rechtsmittel vom Oberlandesgericht aufgehoben.

Eine Mutter aus Baden-Württemberg schildert ihre Erlebnisse so: „Mein Sohn geht ganz gewöhnlich in die neunte Klasse des Gymnasiums und spielt im Schulorchester. Wir führen ein langweiliges Leben." Der Vater aber bezweifelte, dass der Junge eine gute Mutter hat. Er habe zwar das Sorgerecht selbst nicht gewollt und gefordert, das Kind in Obhut zu nehmen, „es sollte nur nicht bei mir sein". Auch

hier der Verdacht: Eltern-Kind-Entfremdung. Geäußert als Vorwurf gegen die Mutter.

Einer Mutter aus Göttingen wiederum wurde von einem Oberlandesgericht der Umgang mit ihrem 14-jährigen Sohn untersagt. In einem Schriftsatz des Vaters hieß es, der Junge sei eineinhalb Jahre lang „wie ein Sklave gehalten worden". Es habe „massive psychische und physische Gewalt" gegen sein „zitterndes, ängstliches Kind" gegeben. Die Mutter sei „eine Gewalttäterin". Pikant in diesem Fall: Der Vater arbeitet beim Jugendamt einer süddeutschen Großstadt. Glaubt man der Mutter, wusste er mit diesem Hintergrund genau, wie er sich auch mit konstruierten Vorwürfen vor Gericht durchsetzen kann.

Reihenweise Fehlurteile

Einzelfälle? Mitnichten. Aber wer sagt die Wahrheit? Das ist nicht leicht zu bestimmen. Doch das Deutsche Institut für Menschenrechte (DIMR) sieht in vielen Fällen eine offenkundig falsche Grundannahme zulasten der Mütter. Es hat im vergangenen Dezember seinen Bericht *Gewalt gegen Frauen* vorgestellt – es geht um die Umsetzung der Istanbul-Konvention, jenes Übereinkommens des Europarats zum Thema, das 2018 auch von Deutschland ratifiziert wurde. Gewalt gegen Frauen werde auch hierzulande oft bagatellisiert, heißt es in dem Report.[1]

Konkret zu Streitfällen um Umgangs- und Sorgerecht, die vor den Familiengerichten landen, empfiehlt das DIMR, „die Regelvermutung in Fällen häuslicher Gewalt umzukehren, sodass

Was ist die Istanbul-Konvention?

Die Istanbul-Konvention ist ein völkerrechtlicher Vertrag des Europarats. Sie sieht Maßnahmen vor, um Gewalt gegen Frauen und häusliche Gewalt zu verhindern und zu bekämpfen. 2018 ist die Konvention in Deutschland in Kraft getreten. Sie gilt im Rang eines Bundesgesetzes.

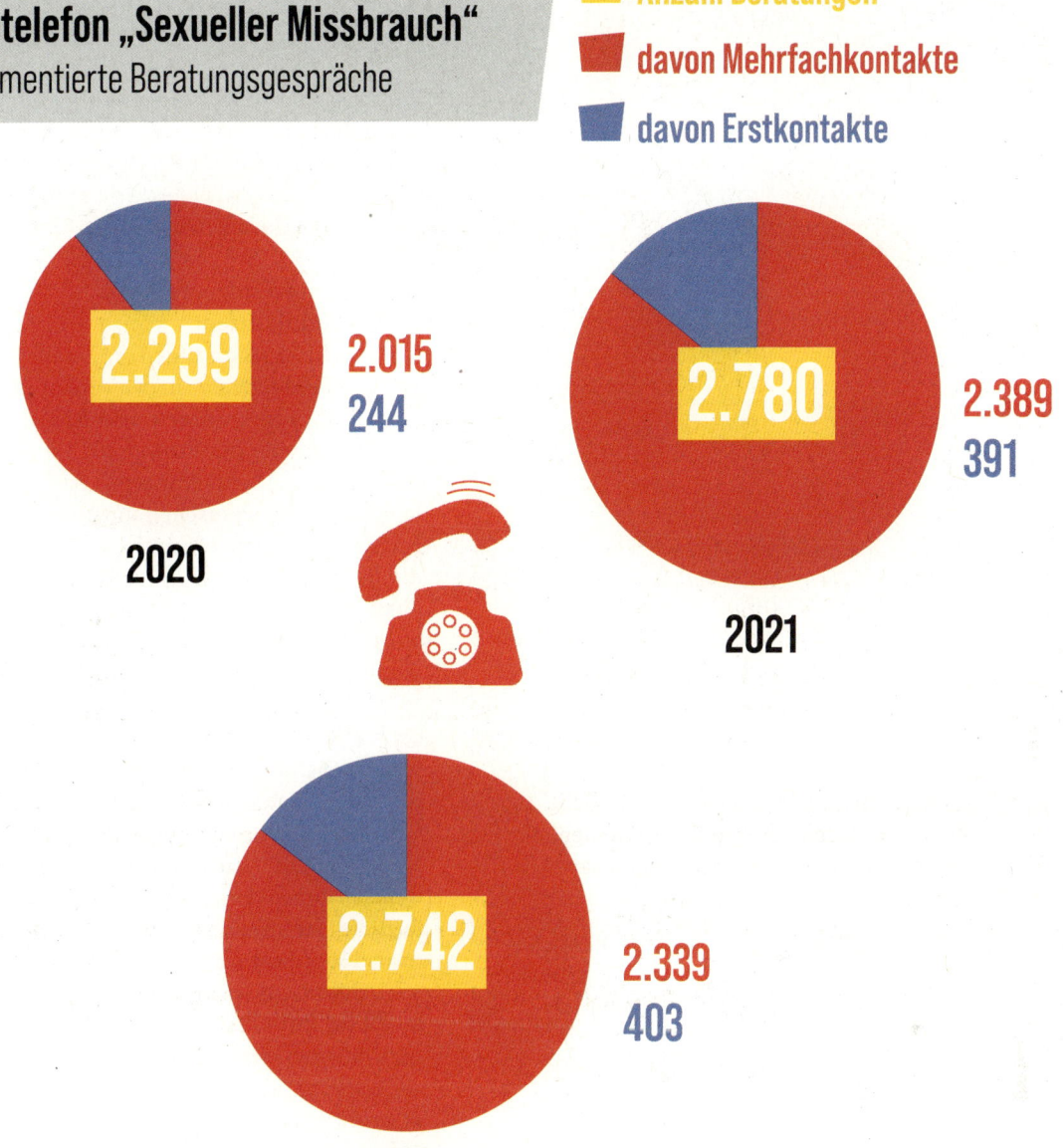

Hilfetelefon „Sexueller Missbrauch"
dokumentierte Beratungsgespräche

Anzahl Beratungen
davon Mehrfachkontakte
davon Erstkontakte

2.259 2.015 244
2020

2.780 2.389 391
2021

2.742 2.339 403
2022

Gerichte die Kindeswohldienlichkeit des Umgangs mit dem gewaltausübenden Elternteil stets positiv feststellen müssen".[2] Mit anderen Worten: Auch wenn laut Bürgerlichem Gesetzbuch grundsätzlich jeder Elternteil zum Umgang mit dem Kind berechtigt und verpflichtet ist, so gilt es doch, sorgsamer zu überlegen, wann Ausnahmen gerechtfertigt oder gar zwingend sind.

Es kommt etwas in Gang in den Diskussionen zum Thema – langsam, höchstwahrscheinlich zu langsam. Das betrifft vor allem den Begriff der „Eltern-Kind-Entfremdung", der auf die Theorien des US-Kinderpsychologen Richard Gardner zurückgeht, der seit den Achtzigerjahren zum Parental Alienation Syndrome (PAS) geforscht hatte. Es ist ein wissenschaftlich nicht anerkanntes Konzept, laut dem ein Kind einen Elternteil systematisch und dauerhaft herabsetzt und beleidigt, motiviert vom anderen, dem „bin-

dungsintoleranten" Elternteil, meist der Mutter. Sogar von „Gehirnwäsche" war bei Gardner die Rede.[3]

Die Väterrechtsbewegung, die nach und nach auch in Deutschland immer mächtiger wurde, machte aus der These einen Kampfbegriff. Sie nutzte ihn für ihre Kampagnen und oft auch frauenfeindliche Stimmungsmache, paradoxerweise oft unter dem Deckmantel der elterlichen Gleichberechtigung. Der Würzburger Psychotherapeut Wilfrid von Boch-Galhau übersetzte Gardners Werk ins Deutsche und holte den Kinderpsychologen im Oktober 2002 zu einer „internationalen PAS-Konferenz" nach Frankfurt am Main. Gardner dozierte dort über bewusste und unbewusste Beeinflussung; Scheidungskinder würden aus seiner Sicht „emotional missbraucht". Kritik an Gardners Thesen wiesen die Organisatoren der Tagung als „feindselige Polemik" zurück.[4]

(3) Bala, Nicholas u.a.: Alienated Children and Parental Separation: Legal Responses in Canada's Family Courts, in: Queen's Law Journal (38)2007, S. 79-138.

(4) Von Boch-Galhau, Wilfrid: Nachruf auf den Tod von Prof. Richard A. Gardner, auf: pas-konferenz.de.

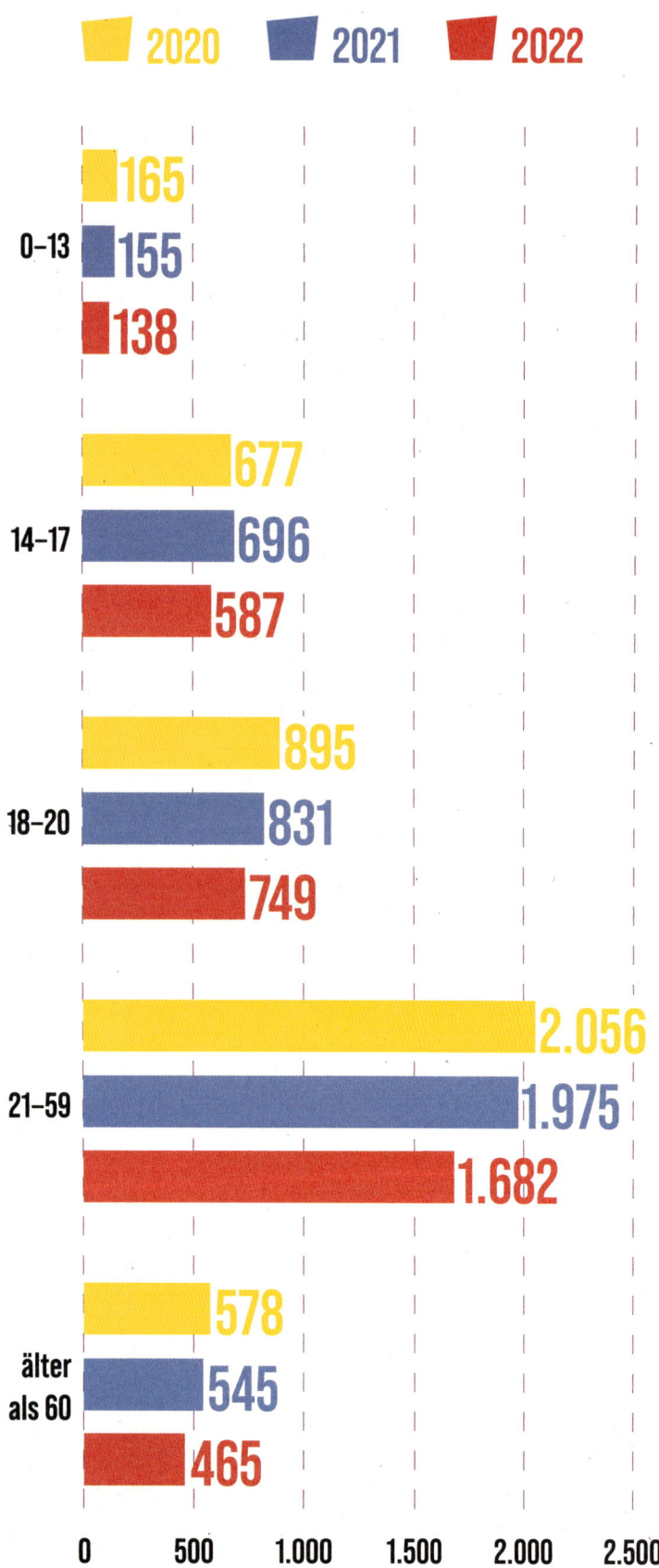

Hilfetelefon „Gewalt gegen Frauen"
Alter der Betroffenen

2020 • 2021 • 2022

0–13
- 2020: 165
- 2021: 155
- 2022: 138

14–17
- 2020: 677
- 2021: 696
- 2022: 587

18–20
- 2020: 895
- 2021: 831
- 2022: 749

21–59
- 2020: 2.056
- 2021: 1.975
- 2022: 1.682

älter als 60
- 2020: 578
- 2021: 545
- 2022: 465

0 500 1.000 1.500 2.000 2.500

Die These der Eltern-Kind-Entfremdung fand – maßgeblich unterstützt durch die Väterrechtler-Lobby – über die Jahre Eingang in die familiengerichtliche Praxis. Oder, kritisch betrachtet: Sie führte zu Fehlurteilen in Serie.

Eltern-Kind-Entfremdung ein „Pseudokonzept"

Erst nach und nach wurden die Zweifel lauter. Die Sonderberichterstatterin der Vereinten Nationen zu Gewalt gegen Frauen und Mädchen, Reem Alsalem, nannte den Begriff 2023 in einem UN-Bericht[5] ein „Pseudokonzept", das von psychologischen, medizinischen und psychiatrischen Fachverbänden abgelehnt werde. Trotzdem werde die „Eltern-Kind-Entfremdung" weltweit als Taktik vor allem gegen Mütter genutzt, um Vorwürfe von Missbrauch und häuslicher Gewalt in Familiengerichten zu negieren, schrieb sie.

Im selben Jahr beschloss auch das Bundesverfassungsgericht, der Rückgriff „auf das fachwissenschaftlich als widerlegt geltende Konzept" des PAS biete „keine hinreichend tragfähige Grundlage für eine am Kindeswohl orientierte Entscheidung". 2024 erklärte das Bundesjustizministerium in seiner Antwort auf eine parlamentarische Anfrage der Linken-Bundestagsabgeordneten Gökay Akbulut: „Die Bundesregierung geht davon aus, dass sich die Familiengerichte an dieser Entscheidung des Bundesverfassungsgerichts orientieren werden."[6]

Und immerhin, nur beispielhaft: Im Januar urteilte das Oberlandesgericht Frankfurt am Main, dass „eine mutmaßlich unberechtigte Umgangsverweigerung und die dieser Haltung zugrundeliegende fehlende Bindungstoleranz beim Obhutselternteil allein" im Allgemeinen nicht dazu führen könne, „dass eine Kindeswohlgefährdung angenommen und ein Kind über eine Fremdunterbringung etwa dazu gebracht werden kann, den Umgang wieder aufzunehmen oder zu dem Elternteil zu wechseln, mit dem es aktuell jeden Umgang ablehnt". Die komplizierte juristische Formulierung hatte im konkreten Fall zur Folge, dass ein siebenjähriges Mädchen und zwei Jungen im Alter von zehn und zwölf nun wieder bei der Mutter leben. Und nicht mehr „fremdplatziert" im Heim.[7]

Dennoch geben Fachleute – vor allem Fachfrauen – keine Entwarnung. *Tatort Familiengericht. Wie Kinder unter Gerichtsbeschlüssen, behördlichen Missständen und rechtswidrigen Gutachten leiden,* heißt ein im Januar erschienenes Buch der Essener Rechtsanwältin Jennifer Nadolny. Sie schreibt im Vorwort: „Es herrscht ein unglaublicher Missstand an Familiengerichten, der zu Schicksalen von vielen Familien und Kindern führt, die hinter den Türen des Gerichts besiegelt werden." Nadolny kritisiert „Fälle, in denen Sachverständige vom Gericht beauftragt werden, die nicht über die notwendige Qualifikation verfügen, dennoch weitreichende Empfehlungen zu der Frage von Sorgerecht und Umgang abgeben". Das führe in der Folge dazu, dass Kinder zwangsweise im Haushalt eines gewalttätigen Elternteils leben müssten.[8]

Es gibt inzwischen eine Vielzahl von weiteren Büchern, die ähnliche Kritik üben – oder sich darüber hinaus mit dem Skandal beschäftigen, dass zu wenig getan wird, um die wachsende Zahl der Femizide wieder zurückzudrängen. Sie tragen Titel wie *Mütter klagen an* (Christina Mundlos), *Die stille Gewalt* (Asha Hedayati), *Gegen Frauenhass* (Christina Clemm), *Und er wird es wieder tun* (Simone Schmollack), *Alle drei Tage* (Laura Backes/Margherita Bettoni), *Prügel* (Antje Joel) und *Heimat bist du toter Töchter – Warum Männer ermorden und wir nicht mehr wegsehen dürfen* (Yvonne Widler).

Obwohl an dieser Front meist Frauen ziemlich allein für Frauenrechte kämpfen, melden sich vereinzelt auch engagierte Männer zu Wort. 2021 veröffentlichte der Pädagoge und Feminist Sebastian Tippe aus Hannover das Buch *Toxische Männlichkeit*. Für die Buchreihe *#nichtgesellschaftsfähig* gab er im vergangenen Jahr ein Interview zu seiner Arbeit und sagte, die Väterrechtsbewegung habe die Familiengerichte mit ihren Thesen so unterwandert, dass dort eine Trennung vom Vater für Mütter und ihre Kinder häufig als „eine Riesengefahr" dargestellt werde. „Mithilfe von unwissenschaftlichen und längst widerlegten Theorien hat es die höchst aggressive Väterrechtsbewegung geschafft, den Mann als Opfer und die Mutter als das abgrundtief Böse zu konstruieren mit dem Ziel, die Mutter zu schädigen." Der gesamte Apparat vom Jugendamt über Umgangsbegleitungen, Verfahrensbeistände, Gutachterinnen, Anwältinnen und Anwälten bis zur Richterschaft sei so sehr infiltriert, „dass nicht selten auch mit Gewalt durch die Polizei Kinder ihren Müttern entrissen und den gewalttätigen Vätern zugeführt werden".[9]

Was sich krass anhört, wird auch von anderer Seite bestätigt. Im März 2023 berichteten die *Süddeutsche Zeitung* und das Recherchekollektiv *Correctiv* gemeinsam über die verzweifelte Lage von Betroffenen, über Fälle, in denen Gerichte Frauen ihre Kinder wegnehmen, wenn die Mütter häusliche Gewalt und Missbrauch schildern.[10]

> Mithilfe von unwissenschaftlichen und längst widerlegten Theorien hat es die aggressive Väterrechtsbewegung geschafft, den Mann als Opfer und die Mutter als das Böse zu konstruieren

Umfrage zu Nachtrennungsgewalt

Im Mai 2024 veröffentlichte die Menschenrechtsorganisation Terre des Femmes die Ergebnisse einer Umfrage unter rund 900 Frauen zum Thema Nachtrennungsgewalt und institutionelle Gewalt. Eine der zentralen Erkenntnisse: „Wurde bereits vor der Trennung Gewalt durch den Ex-Partner gegen die Mutter ausgeübt, setzt sich die Gewalt auch nach der Trennung fort, beispielsweise durch das Führen von umgangs- und sorgerechtlichen Verfahren." 75 Prozent der Betroffenen hätten angegeben, dass ihr Ex-Partner „mit Gerichtsverfahren gedroht hat, um sie zu bestrafen". Und sogar 89 Prozent der teilnehmenden Mütter hätten Diskriminierungserfahrungen in Umgangs- und Sorgerechtsverfahren vor Gerichten sowie bei anderen Institutionen gemacht.[11]

Ungerechtigkeiten gegenüber Frauen vor dem Familiengericht als Massenphänomen – so fasste die *taz* im November 2024 die beiden Studien des Hamburger Soziologen Wolfgang Hammer zum Thema zusammen.[12] „Um jeden Preis" würden die Kontakte zum Vater durchgesetzt. Hammer selbst sprach von „im Verborgenen gewachsenen Unrecht im System" und „systematischer Täter-Opfer-Umkehr".[13]

Die Aktivistin Jen Follmann, die von Sachsen aus den Instagram-Kanal *@safe_space_chemnitz_* betreibt, sagt: „Mütter kämpfen an Familiengerichten häufig mit geringem oder gar keinem Erfolg um Unterhalt und um Schutz vor häuslicher Gewalt." Follmann kritisiert, dass Behörden immer wieder Kinder entziehen – „häufig mit der Begründung, die Mutter sei überfordert". Das könne dann im schlimmsten Fall zu einem jahrelangen Kontaktabbruch führen, nicht sel-

(5) UN Human Rights Council (Hg.): A/HRC/53/36: Custody, violence against women and violence against children – Report of the Special Rapporteur on violence against women and girls, its causes and consequences, Reem Alsalem, auf: ohchr.org (13.4.2023).

(6) Akbulut, Gökay: Pseudowissenschaft darf an Familiengerichten keine Anwendung mehr finden!, auf: goekay-akbulut.de (10.6.2024).

(7) OLG Frankfurt, Erster Senat für Familiensachen (Hg.): Kinderschutzrechtliche Maßnahmen dienen nicht der Bestrafung eines Elternteils, auf: rv.hessenrecht.hessen.de (29.1.2025).

(8) Nadolny, Jennifer: Tatort Familiengericht. Wie Kinder unter Gerichtsbeschlüssen, behördlichen Missständen und rechtswidrigen Gutachten leiden, Wien 2025, S. 5-7.

(9) Strauß, Sandra: Toxische Männlichkeit erkennen, reflektieren, verändern, in: Strauß, Sandra; Schwarwel (Hg.): Nicht gesellschaftsfähig, Leipzig 2024, S. 280-287.

(10) Keller, Gabriela; Backhaus, Maike: Plötzlich bist du das Problem, auf: correctiv.org (24.3.2023).

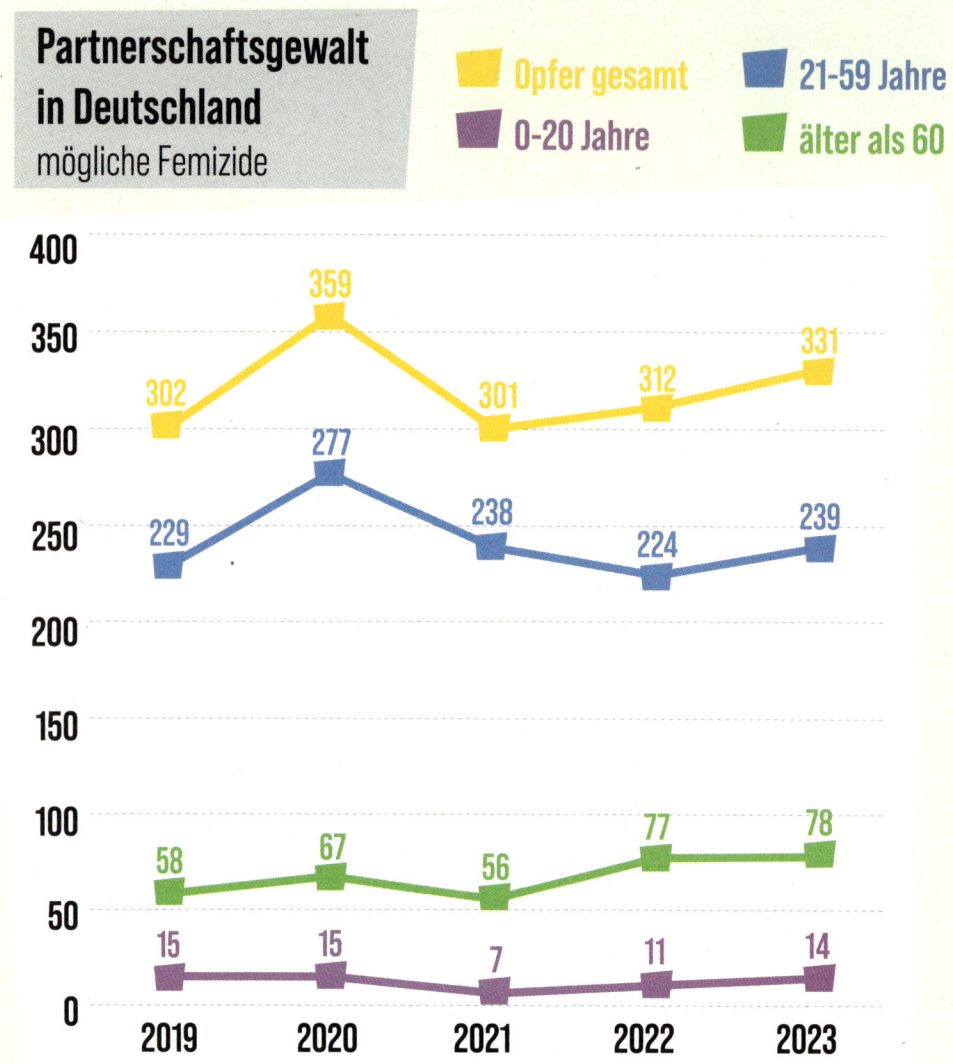

Partnerschaftsgewalt in Deutschland
mögliche Femizide

Opfer gesamt
0-20 Jahre
21-59 Jahre
älter als 60

	2019	2020	2021	2022	2023
Opfer gesamt	302	359	301	312	331
21-59 Jahre	229	277	238	224	239
älter als 60	58	67	56	77	78
0-20 Jahre	15	15	7	11	14

(11) Terre des Femmes (Hg.): Bericht zur Umfrage: „Nachtrennungsgewalt und institutionelle Gewalt bei Gewaltbetroffenheit in Umgangs- und Sorgerechtsangelegenheiten", S. 3, auf: frauenrechte. de (5.5.2024).

(12) Kutter, Kaija: Vaterkontakt um jeden Preis, auf: taz.de (20.11.2024).

(13) familienrecht-in-deutschland.de.

(14) Rahms, Heiko; Schmidt, Stephanie: Die Entfremdungs-Lüge, auf: hoerspielundfeature.de (15.4.2025).

ten auch zu einer „Traumatisierung, die in keiner Weise von der psycho-sozialen Infrastruktur aufgefangen wird".

Es sind dies alles Alarmrufe, von denen viele jedoch weitgehend ungehört verhallen. Selbst wenn die Begriffe PAS oder Eltern-Kind-Entfremdung nicht mehr wörtlich in Gerichtsbeschlüssen benutzt werden, so finden doch Synonyme Eingang in die Entscheidungen. Sie heißen zum Beispiel Bindungsintoleranz, trennungsinduzierter Kontaktabbruch oder Mutter-Kind-Symbiose. Und sie haben auf die Betroffenen von Gewalt ganz ähnliche Auswirkungen, wenn es um Entscheidungen in Familiengerichtssälen geht.

Jörg Fegert, Direktor für Kinder- und Jugendpsychiatrie an der Uniklinik Ulm, hat in mehreren Fachpublikationen warnende Texte zu PAS, Eltern-Kind-Entfremdung und ihren Ableitungen veröffentlicht. Er sagte im April im *Deutschlandfunk*, wenn das PAS-Konstrukt ins Spiel komme, werde es „für tatsächlich betroffene Kinder richtig gefährlich". Eine Rechtsgüterabwägung, bei dem der generelle Vorteil aus dem Umgang mit dem Vater abgewogen werde mit einer tatsächlichen Missbrauchssituation, sei „völlig irre" und „wirklich empörend". Missbrauch könne ein Kind nicht nur akut gefährden, sondern auch für sein weiteres Leben massiv belasten.[14]

Aggressive Lobbyarbeit der Väterrechtsverbände

Bedrohlich hinzu kommt die äußerst aggressive Lobbyarbeit der Väterrechtsverbände. Sie würden eine „Hatz auf unliebsame, gar feministische Familienrichter:innen" machen, sagt eine ehemalige Familienrichterin aus einer norddeutschen Großstadt. „Dazu senden sie Dutzende von Beschwerden an die Vorgesetzten, um dafür zu sorgen, dass die von ihnen angegriffenen Richter:innen abgelöst werden." Das Beharrungsvermögen der Justiz gegenüber diesen Einflussnahmen sei „unzureichend ausgeprägt", auch lasse es der Dienstherr oft an Schutzmaßnahmen mangeln.

Die Parolen derjenigen, die sich in Lobbyorganisationen wie etwa dem Väteraufbruch für Kinder (VAfK) vernetzt haben, lassen kaum eine Zuspitzung aus. Väter, für die die eigenen Kinder

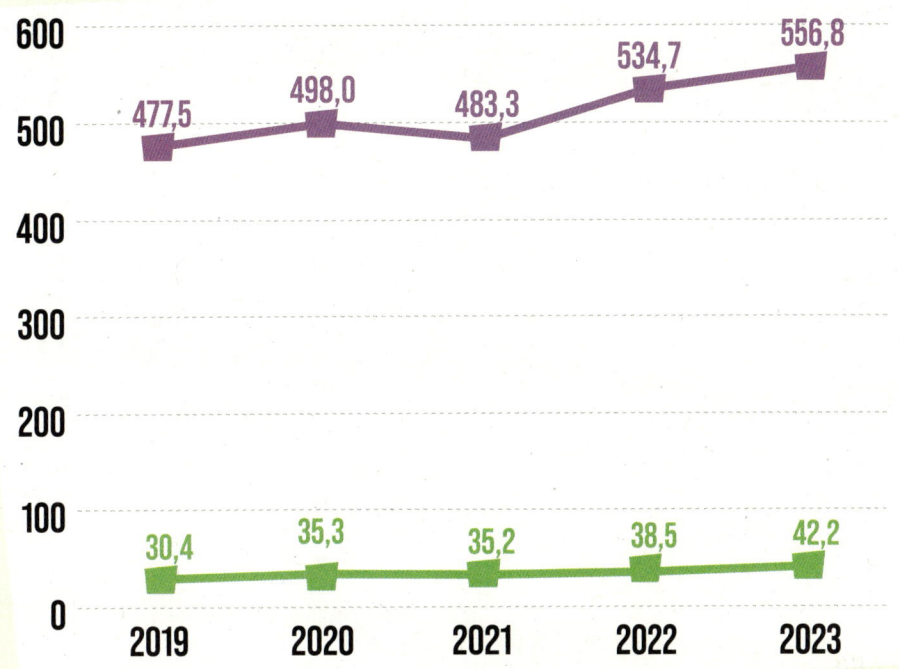

Partnerschaftsgewalt
Opfer nach ausgewählten Altersgruppen je 100.00 Einwohner:innen

■ 21-59
■ älter als 60

	2019	2020	2021	2022	2023
21-59	477,5	498,0	483,3	534,7	556,8
älter als 60	30,4	35,3	35,2	38,5	42,2

zur Waffe im Trennungskrieg geworden sind, sehen sich als „entsorgt" oder zum „Erzeuger" degradiert. So hat beispielsweise der Tübinger Biologe Hans-Peter Dürr den pseudowissenschaftlich wirkenden Test „KiMiss-Instrument" – die Abkürzung steht für Kindesmissbrauch – entwickelt, „um die Belastung von Kindern im Rahmen einer Elterntrennung strukturiert zu quantifizieren". Er vergleicht Eltern-Kind-Entfremdung mit einem Krebstumor, dem durch „Prävention und Früherkennung" begegnet werden müsse.

Der Bremer Psychologe Stefan Rücker, der sich gern als Experte den Medien anbietet, relativiert Gewalt an Kindern auf seiner Internetseite folgendermaßen: „Eltern-Kind-Entfremdung ist Kindesmisshandlung." Sie sei „sogar schlimmer als körperliche Verletzungen, weil die heilen".

Weiteres Beispiel: der brandenburgische Väterrechtler-Funktionär Markus Witt. Er war lange Bundesvorstandsmitglied des VAfK, später auch Vorsitzender des Landesverbandes Berlin-Brandenburg. Er vertritt noch immer die PAS-Theorien – und als das höchste deutsche Gericht sich

2023 davon verabschiedete, schrieb er in seinem Blog, das Bundesverfassungsgericht habe sich „auf den Weg der aktivistischen Desinformation und Lobbyarbeit begeben".

Kurz zuvor, ebenfalls im Jahr 2023, schaffte Witt es als wichtiger Akteur der Szene in die Correctiv-Dokumentation *Väterrechtler auf dem Vormarsch.* Witt gibt Webinare zu Hochstrittigkeit, Doppelresidenz und Eltern-Kind-Entfremdung. Er schrieb an Correctiv zur Begründung für seine Kampagnentätigkeit, es gebe „Täterinnen", die ihre „Taten unsichtbar machen" wollten und dafür den „Gewaltbegriff instrumentalisieren".

Fragwürdige Fortbildung in Dresden
Mit anderen Worten: Frauen würden vor Gericht unbelegte Behauptungen aufstellen und lügen, um sich Vorteile in Umgangsverfahren zu erschleichen. So ähnlich sagte es Witt nach Informationen von KATAPULT vor einigen Monaten auch in Dresden, als er für die Familienberatung Gorbitz eine Fortbildung zum Thema „Gewalt gegen Frauen" gab. Eingeladen hatte die Kindervereinigung Dresden, einer der wichtigsten Trä-

Partnerschaftsgewalt

Anzahl Opfer, weibliche Betroffene nach bestimmten Gewaltformen

2019 2020 2021 2022 2023

Psychische Gewalt

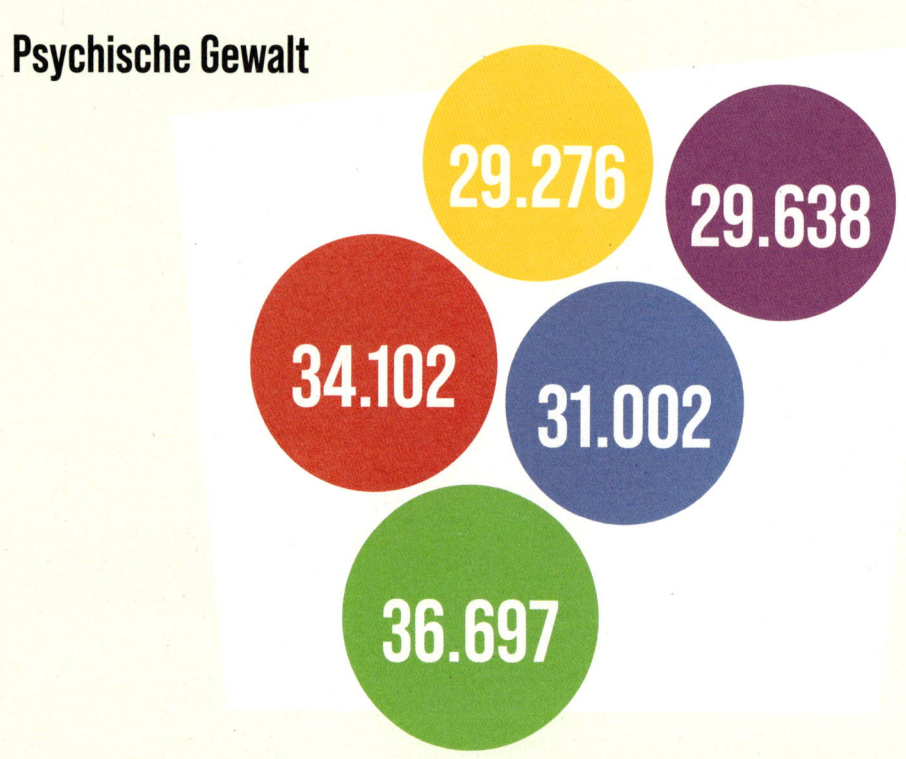

29.276
29.638
34.102
31.002
36.697

Digitale Dimension von Gewalt

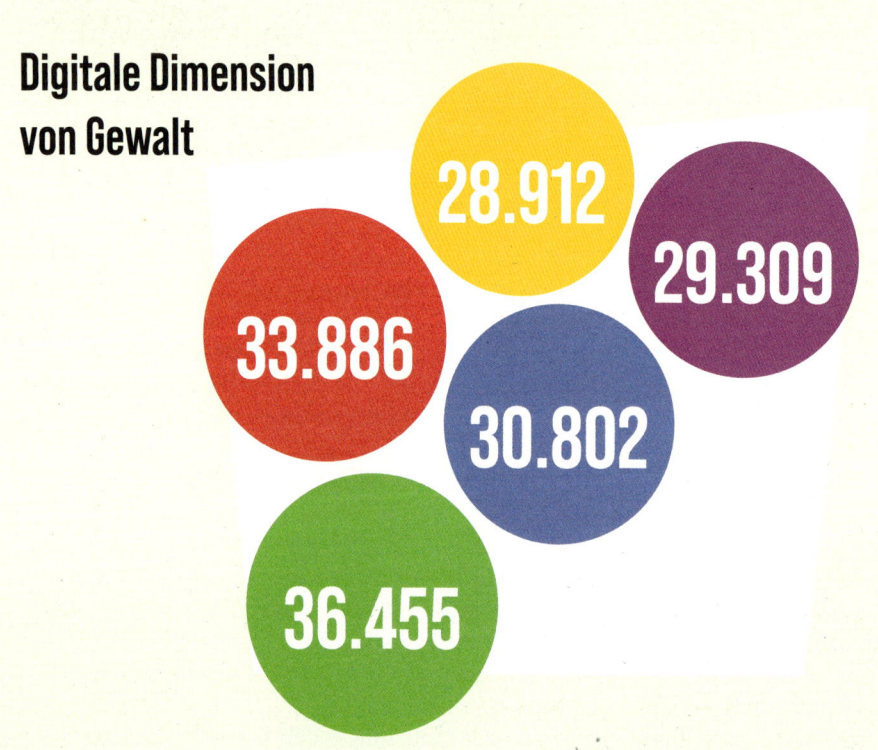

28.912
29.309
33.886
30.802
36.455

Sexualisierte Gewalt

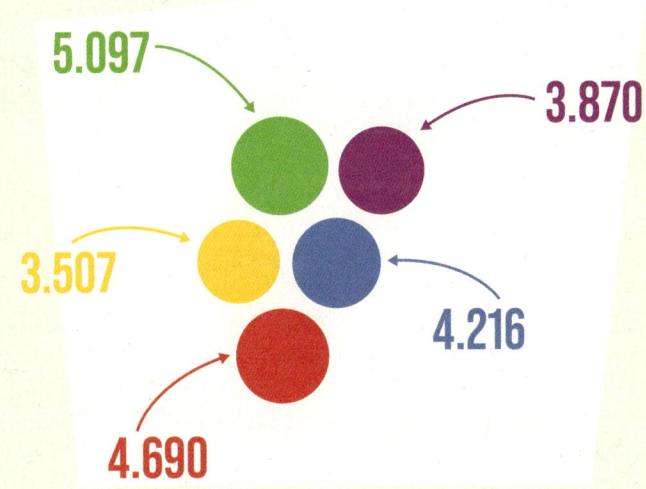

5.097

3.870

3.507

4.216

4.690

Körperliche Gewalt

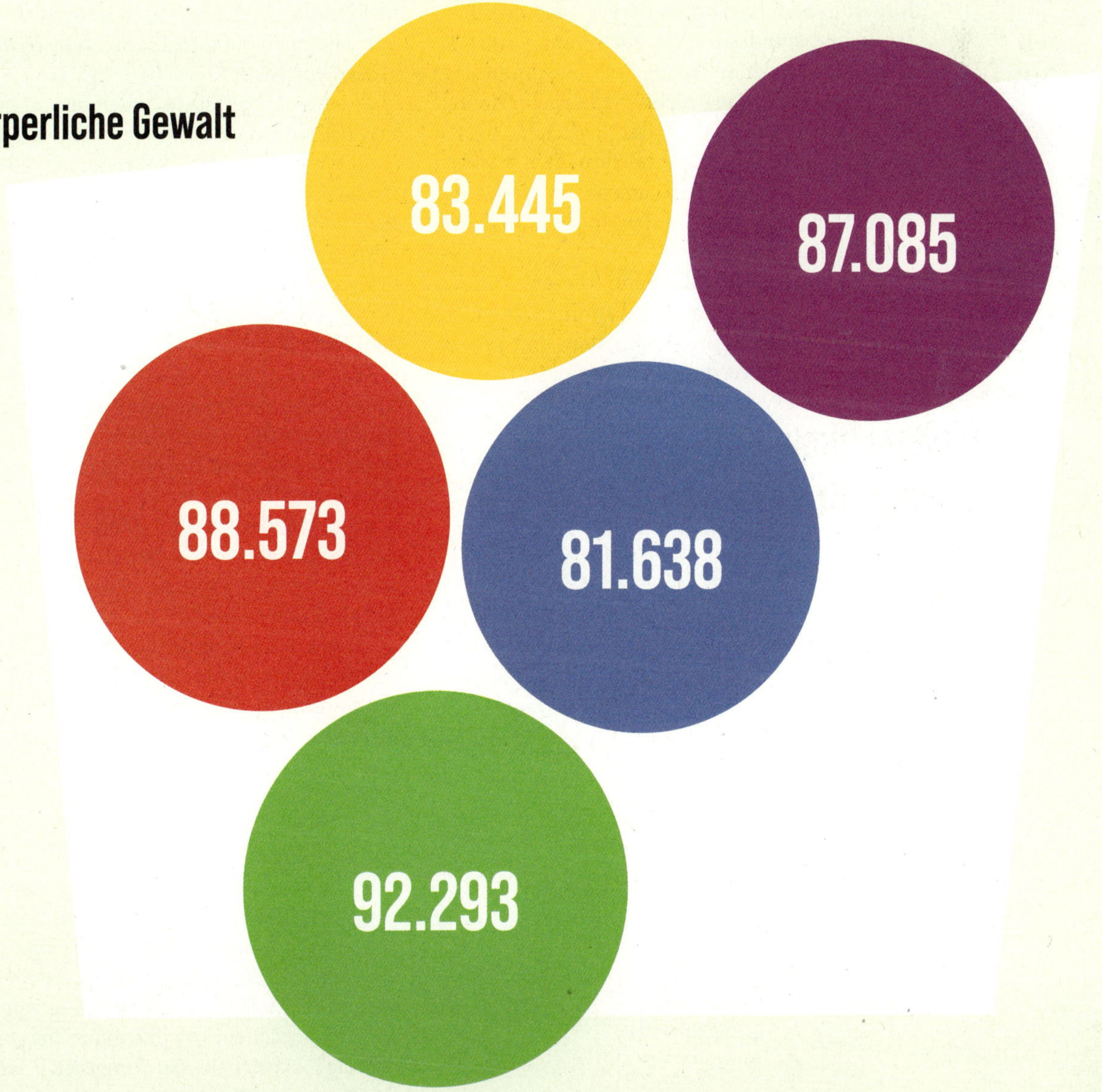

83.445

87.085

88.573

81.638

92.293

ger der Kinder- und Jugendhilfe in der sächsischen Landeshauptstadt.

Teilnehmern zufolge sagte Witt bei der Fortbildung, dass 80 Prozent der Gewaltvorwürfe, die von Müttern im Zusammenhang mit Familienrechtsstreitigkeiten erhoben werden, nicht stimmten. Es ist eine Behauptung, der erfahrene Familienrichter vehement widersprechen.

Witt gibt auf Fragen zu seinem Auftritt in Dresden keine Auskunft. Der Chef der Kindervereinigung Dresden, Jan Güldemann, sagt, konfrontiert mit dem Vorwurf der von Witt verbreiteten Falschinformationen, die ganze *Tagesschau* sei doch „voller Fake-News". Witt wiederum schreibt auf seinem Facebook-Profil: „Correctiv ist wohl mehr politisches Desinformationsmedium als Faktenchecker."

Das Deutsche Institut für Menschenrechte fordert in dem erwähnten Bericht eine verpflichtende und standardisierte Fortbildung von Justiz und Polizei zum Thema.[15] In der Praxis aber existiert diese bislang nicht – jede Richterin und jeder Richter ist gehalten, das juristische Wissen in eigener Verantwortung auf aktuellem Stand zu halten. Wie sich die Richterschaft diese Kenntnisse aneignet, wird in den meisten Bundesländern nicht vorgegeben.

Das generelle Problem in diesem Bereich schildert ein langjähriger Familienrichter an einem Oberlandesgericht: Juristen sind gewieft in Jura. Aber sie verstehen eher weniger oder gar nichts von Psychologie, einem Fachgebiet, das

(15) Deutsches Institut für Menschenrechte (Hg): Monitor Gewalt gegen Frauen, Kurzfassung, S. 16, auf: institut-fuer-menschenrechte. de (Dezember 2024).

(16) E-Mail von Alexander Melzer, sächsisches Justizministerium, vom 20.2.2025.

(17) Schindler, Jörg: Der Lack ist ab, auf: fr.de (17.11.1999).

,,

Juristen sind gewieft in Jura. Aber sie verstehen eher weniger oder gar nichts von Psychologie

"

im Familienrecht besondere Relevanz hat. Wenn dann die Argumente der Väterrechtsbewegung in die juristische Praxis einsickern, in die Urteile oder auch die von Gerichten bestellten Gutachten, wird es heikel. Ob und welche Gutachter von den Familiengerichten herangezogen werden, fällt in deren verfassungsrechtlich geschützte Unabhängigkeit.

Fortbildungen an der Deutschen Richterakademie

Es lohnt in diesem Zusammenhang ein genauerer Blick auf die Psychologin Katharina Behrend aus dem westfälischen Lemgo, die seit Jahren eine wichtige Rolle bei den Fortbildungen von Richtern an den Justizakademien verschiedener Bundesländer sowie an der Deutschen Richterakademie im brandenburgischen Wustrau und im rheinland-pfälzischen Trier spielt.[16] Und die auch ziemlich gut im lukrativen Geschäft mit den Gutachten ist.

Allein bei vom sächsischen Justizministerium organisierten Fortbildungen an der Deutschen Richterakademie trat Behrend seit 2015 neunmal auf, mal in Wustrau, mal in Trier, zuletzt im April. Sie referierte unter anderem über die „Psychodynamik des Missbrauchsverdachts in Sorge- und Umgangsrechtsverfahren". Einzelne Vorträge trugen den Titel „Missbrauchsverdacht als Trumpfkarte?!".

Nach Angaben ihres Anwalts – die Kommunikation zu Presseanfragen läuft inzwischen häufig über ihn – ist Behrend bis 2021 von den unterschiedlichen Justizakademien mit ihrem ehemaligen Professor Uwe Jopt als Referententeam eingeladen worden. Damals schied Jopt aus Altersgründen aus dem gemeinsam begründeten *Institut für lösungsorientierte Arbeit im Familienrecht* in Lemgo aus.

Die Verbindung ist insofern interessant, als sowohl Behrend als auch Jopt bemerkenswerte Verbindungen zur Väterrechtlerszene haben. In einem gemeinsamen Aufsatz mit Jopt aus dem Jahr 2000 – auf den sie bis heute Bezug nimmt – will sie ein „Erklärungsmodell" zur Entstehung des PAS-Syndroms vorstellen. Die beiden werben für eine Aufnahme von PAS in das DSM, das US-amerikanische Klassifikationssystem für psychische Störungen. Dies würde dazu führen, „dieses Syndrom nicht länger zu bagatellisieren, sondern als das zu sehen, was es tatsächlich ist – die schwerste seelische Schädigung von Kindern wie Erwachsenen, die Trennung hervorzurufen vermag", schrieben sie. Umgesetzt wurde die Forderung nicht.

2001 veröffentlichte Katharina Behrend in einer Aufsatzsammlung den Text *Wenn Eltern auseinander gehen. Beziehungsstörungen nach Trennung und Scheidung.* Bemerkenswert dabei: Die im Friedrich-Verlag Hannover erschienene Publikation hatte fünf Herausgeber. Darunter war Uwe Jopt. Und auch Gerold Becker, einer der vier Haupttäter des 1999 von Jörg Schindler in der *Frankfurter Rundschau* aufgedeckten Missbrauchsskandals an der reformpädagogisch orientierten Odenwaldschule, wo der Pädokriminelle von 1972 bis 1985 Schulleiter war.[17]

Behrends Anwalt schreibt dazu auf Anfrage: „Unsere Mandantin hatte niemals einen irgendwie gearteten Kontakt zu Herrn Becker." Ihre Beteiligung an der Zeitschrift sei über den Mitherausgeber Jopt zustande gekommen, der wiederum vom Verlag eingeladen worden sei. Die Mitherausgeberschaft von Gerold Becker sei Katharina Behrend vor Erscheinen des Heftes nicht bekannt gewesen. „Auch die Missbrauchstaten von Herrn Becker an der Odenwaldschule waren unserer Mandantin im Zeitpunkt der Veröffentlichung unbekannt."

In seinem Anfang 2025 erschienenen Buch *Zuhören* thematisiert der Medienwissenschaftler Bernhard Pörksen, dass die Leitmedien in Deutschland die Geschehnisse an der Odenwaldschule nach 1999 jahrelang nicht weiterverfolgt hätten, die Enthüllung sei geradezu verpufft: „Man wollte nicht hören, nicht sehen, nicht wissen." Pörksen sagt: „Man hätte – ein wenig Aufklärungswille vorausgesetzt – sehr viel früher Bescheid wissen können." Becker aber, der 2010 starb, beriet nach 1999 noch viele Jahre lang Schulen, gab Bücher heraus und schrieb Aufsätze etwa über die Bedeutung des Körpers für die Pädagogik.

Auf die Frage, ob Katharina Behrend ihre Beteiligung an der 2001 erschienenen Aufsatzsammlung bedauert oder sich von Gerold Becker distanziert habe, schreibt ihr Anwalt: „Als Herrn Beckers Straftaten 2010 einer breiten Öffentlichkeit und auch unserer Mandantin bekannt wurden, war diese natürlich entsetzt und schockiert. Ihr Mitgefühl galt den betroffenen Schüler*innen. Für eine förmliche Distanzierung von Herrn Becker bestand mangels Verbindung unserer Mandantin zu ihm weder Anlass noch Forum."

2002 waren sowohl Jopt als auch Behrend Teilnehmer der PAS-Konferenz in Frankfurt am Main. Jopt meldete sich damals aus dem Publikum und verlangte, das Thema Entfremdung müsse „in die Köpfe aller, die mit dieser Problematik befasst sind". Und: „Es ist so wichtig, dass wir uns bündeln und dass wir hier den Weg bereiten für die Sensibilisierung der Praktiker, der Gerichte und Jugendämter."[18]

Später, in ihrer Doktorarbeit von 2009, kritisierte Behrend zwar Gardners „ursprüngliche" PAS-Theorie, unternahm zugleich aber den Versuch, sie weiterzuentwickeln. Im Kontext mit der „unbewältigten Trennungsproblematik auf dem Rücken des Kindes" sprach sie in ihrer Dissertation davon, dass sich auch die ungewollte Beeinflussung eines Kindes „in der Praxis nicht mehr vom PAS im Sinne Gardners" unterscheiden lasse.

Behrend bestreitet heute, eine „Verfechterin von PAS-Theorien" zu sein. Es gebe auch keine engen Verbindungen von ihr zur Väterrechtsbewegung. Die Psychologin behauptet, sie kritisiere das PAS-Konzept „seit jeher als unpsychologisch". Dagegen steht nicht nur, dass ihr Partner Jopt in einer Correctiv-Recherche aus dem Jahr 2023 „überzeugter Verfechter der Entfremdungstheorie" genannt wird.[19] In dem Fachblatt *Zeitschrift für Kindschaftsrecht und Jugendhilfe* wurden Behrend und Jopt 2023 gemeinsam als „Befürworter des PAS-Konzepts" erwähnt.[20]

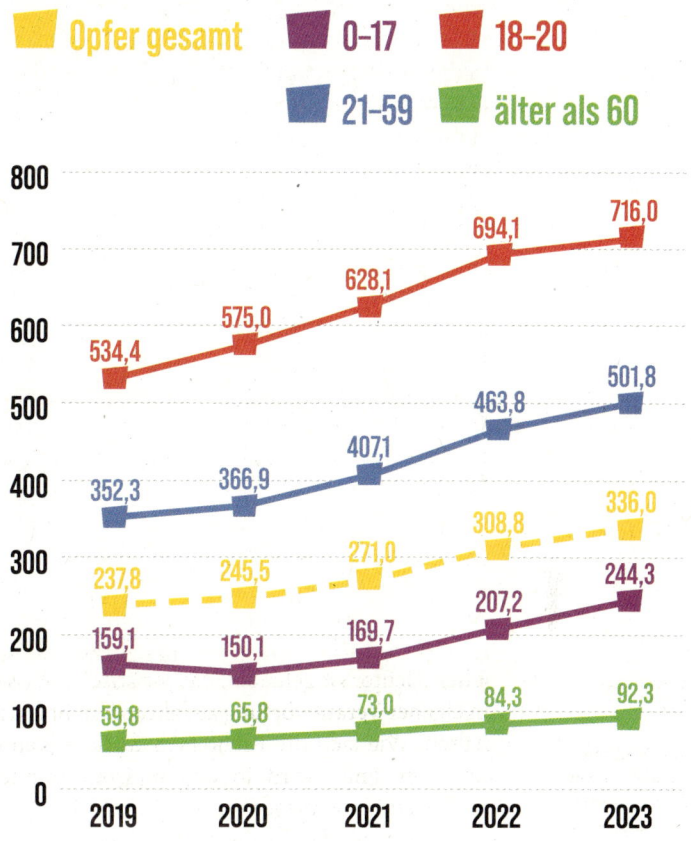

Psychische Gewalt
Opfer nach Altersgruppe, je 100.000 Einwohner:innen

- ■ Opfer gesamt
- ■ 0–17
- ■ 18–20
- ■ 21–59
- ■ älter als 60

18–20: 534,4 (2019); 575,0 (2020); 628,1 (2021); 694,1 (2022); 716,0 (2023)
21–59: 352,3 (2019); 366,9 (2020); 407,1 (2021); 463,8 (2022); 501,8 (2023)
Opfer gesamt: 237,8 (2019); 245,5 (2020); 271,0 (2021); 308,8 (2022); 336,0 (2023)
0–17: 159,1 (2019); 150,1 (2020); 169,7 (2021); 207,2 (2022); 244,3 (2023)
älter als 60: 59,8 (2019); 65,8 (2020); 73,0 (2021); 84,3 (2022); 92,3 (2023)

(18) Rahms/ Schmidt 2025.

(19) Keller, Gabriela: Väterrechtler auf dem Vormarsch, auf: correctiv.org (19.9.2023).

(20) Screenshot liegt der Redaktion vor.

(21) Behrend, Katharina; Jopt, Uwe: Kinder sind Kinder! – Plädoyer für ein lösungsorientiertes Vorgehen auch bei Kindeswohlgefährdung, in: Müller-Magdeburg, Cornelia (Hg.): Verändertes Denken – zum Wohle der Kinder, Baden-Baden 2009, S. 153-163.

Auch die AfD nutzt unwissenschaftlichen Begriff

Die Leugnung von Schnittmengen hin oder her: Es gibt zahlreiche weitere Berührungspunkte von Behrend und Jopt mit der Väterrechtlerszene. 2017 hielt Behrend beim Familienkongress des VAfK in Halle das Einführungsreferat zum Thema „Eltern-Kind-Entfremdung – ein Beziehungsdrama mit Folgen". Der Veranstalter und sie hatten den Titel des Vortrags miteinander abgestimmt. Im selben Jahr wurde vom Väterrechtler-Verband VAfK eine Erklärung für ein „gesetzliches Leitbild der Doppelresidenz" initiiert, bei der es um den Druck von Jugendämtern und Justiz auf Eltern geht. Behrend gehörte gemeinsam mit Jopt, dem Brandenburger Väterrechtler-Funktionär Witt und dem Gardner-Übersetzer von Boch-Galhau zu den Erstunterzeichnern.

Auch in der Diskussion um das sogenannte Cochemer Modell schlugen sich Jopt und Behrend 2009 auf die Seite dieses Instruments, bei dem es um den Druck von Jugendämtern und Justiz auf Eltern geht, zu einer einvernehmlichen Lösung zu kommen. Der Initiator und Cochemer Familienrichter Jürgen Rudolph habe „mit seinen Mitstreitern Familienrechtsgeschichte geschrieben, die auch unser Denken nicht unbeeinflusst gelassen hat", schrieben Behrend und Jopt in einer Festschrift für Rudolph.[21]

Zur kritischen Einordnung des Cochemer Modells im 2022 erstmals ausgestrahlten und mehrfach preisgekrönten Deutschlandfunk-Feature *Ihre Angst spielt hier keine Rolle* von Marie von Kuck[22] sagt Behrend heute, Kucks Kritik habe den falschen „Spin". Die Anordnung von Mediation und Beratung sei nicht gleichzusetzen mit institutioneller Gewalt gegen Mütter und Kinder. Nach wie vor befürwortet Behrend laut Auskunft ihres Anwalts „im Sinne des Kindeswohls", dass Gerichte eine „Teilnahme an Beratung oder Mediation anordnen können".[23] Das sächsische Justizministerium weist Kritik an Behrend als Referentin bei Richterfortbildungen zurück.[24]

Der Fall wird hier so ausführlich beschrieben, weil das Beispiel eindrücklich zeigt, wie weit der Weg zu einem fortschrittlichen Familienrecht in Deutschland noch ist. Und dass unwissenschaftliche Denkmuster in der gerichtlichen Praxis fest verankert sind. Ob sich das unter der neuen Bundesregierung ändert, ist mehr als fraglich.

Wichtigste Anwältin der Väterrechtsbewegung im Bundestag in der vergangenen Legislaturperiode war die FDP. Nach deren Ausscheiden aus dem Parlament ist nun die AfD wichtige

Unterstützerin der Szene. Auf Wahlprüfsteine zur Bundestagswahl gab die AfD dem VAfK die mit Abstand wohlwollendsten Antworten unter allen angefragten Parteien.

Entfremdung sei „eine Grausamkeit gegenüber dem Kind" und „ebenso gegen den entfremdeten Elternteil, wenn dies gegen dessen Willen geschieht", schrieb der Leiter des zuständigen Bundesfachausschusses „Familie und Demografie" der Partei, der Berliner AfD-Politiker Sebastian Maack, an den VAfK.[25] Auch in einem weiteren Punkt nahm die AfD ein zentrales Argument der Väterrechtlerszene auf: „Unbewiesene Behauptungen dürfen nicht automatisch zu einem Kontaktabbruch führen", der „dann Tatsachen einer Entfremdung schafft". Seit der Bundestagswahl sitzt auch Maack für die extrem rechte Partei im Parlament. ☗

MATTHIAS MEISNER
freier Journalist und Autor

---

(22) Von Kuck, Marie: „Ihre Angst spielt hier keine Rolle", auf: hoerspielundfeature.de (13.2.2024).

(23) E-Mail des Anwalts von Katharina Behrend vom 24.2.2025.

(24) E-Mail des sächsischen Justizministeriums vom 2.7.2024.

(25) Leiter Bundesfachausschuss Familie und Demografie der AfD: Positionen zur Familienpolitik, auf: vaeteraufbruch. de (3.12.2024) / Meisner, Matthias: Aufschrei ohne Folgen: Gewalt an Frauen und Kindern, auf: blaetter.de (Januar 2025).

Was sind Femizide?

Femizide sind die äußerste Eskalation geschlechtsspezifischer Gewalt: Frauen werden in diesen Fällen aufgrund ihres Geschlechts getötet, meist in (ex-)partnerschaftlichen Beziehungen. Femizide werden häufig als Familientragödie bagatellisiert und weniger hart bestraft. Doch: Wenn ein Mann eine Frau tötet, weil sie sich trennt, ist das Mord.

**FRANKFURTER
BUCHMESSE**

EHRENGAST PHILIPPINEN

DIE BESTEN GESCHICHTEN.

UND BÜCHER GIBT ES AUCH.

15.–19. OKTOBER 2025

ONLY AT FBM

Frühbucher aufgepasst:
Unser Ticketshop ist ab Mitte Juli geöffnet.

buchmesse.de/ticket

Zölle!

Mais non!

Selber Zölle!

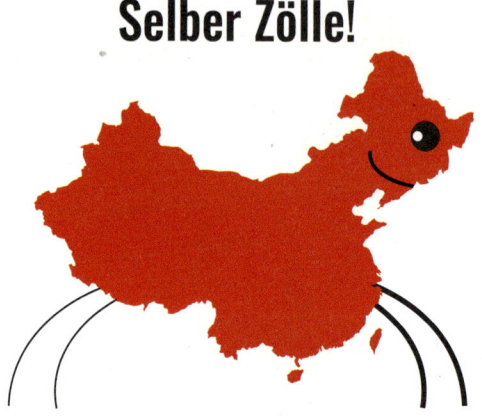

und Grönland!

Kannst haben

Spaziba mein Liba!

... bei komplex zusammengesetzten Waren, deren wesentlicher Charakter nach § 15 Abs. 3 S. 2 nicht eindeutig bestimmbar ist, eine vorläufige Einreihung in die statistisch dominierende Warennummer unter Vorbehalt der Nachprüfung anordnen.

German! Das Sujet ist alt!
Wir sind schon bei Kolonialismus!

... äh, die Anwendung militärischer Gewalt durch einen Staat gegen die territoriale Integrität, die politische Unabhängigkeit oder die wesensmäßige staatliche Selbstbestimmung eines anderen Völkerrechtssubjekts ist – unbeschadet anderweitiger

Friedensnobelpreis!

Never ever

For me maybe?

Wir schlagen eine 9-stündige Sondersitzung vor

Hey ChatGPT, how to join EU?

Nicht so laut, meine Kacknachbarn sind grad mit Zöllen abgelenkt!

Länder überfallen? No good!

No good

Kann ich nicht bestätigen, ich war an einem europäischen Krieg beteiligt UND ES WAR TOLL!

Hab es mir anders vorgestellt

ES WAR TOLL! Danke fürs Mitnehmen

Oder ich mal?

German, please Ablenkung now!

... Regelungen der Charta der Vereinten Nationen und vorbehaltlich einer ausdrücklichen Mandatierung durch den Sicherheitsrat gemäß Kapitel VII – grundsätzlich als völkerrechtswidriger Akt der Aggression im Sinne des Artikels 2 Ziffer 4 UN-Charta zu qualifizieren.

Die Brandmauer hält zu 81,2 Prozent

Studie: „Hält die Brandmauer? Eine gesamtdeutsche Analyse: Wer unterstützt die AfD in den deutschen Kreistagen (2019-2024)" von Wolfgang Schroeder, Daniel Ziblatt und Florian Bochert (März 2025)

Kurz: In den letzten fünf Jahren gab es knapp 1.000 Kooperationen zwischen der AfD und anderen Parteien auf kommunaler Ebene. Die meisten davon bei wenig umstrittenen Themen.

Wie viel Geld soll eine Stadt in den Ausbau von Radwegen investieren? Wo sollte eine neue Flüchtlingsunterkunft eröffnet werden? Solche Fragen sind gesellschaftlich hoch relevant und werden auf kommunaler Ebene entschieden. Die politische Arbeit in den rund 400 Landkreisen und kreisfreien Städten in Deutschland ist also zentral für die Stabilität der Demokratie. Vor diesem Hintergrund stellt sich die Frage, wie eng die anderen Parteien auf kommunaler Ebene mit der AfD zusammenarbeiten.

Die Antwort lautet: Nicht sehr eng. Zu diesem Ergebnis gelangt ein Diskussionspapier des Wissenschaftszentrums Berlin für Sozialforschung. Dort heißt es: „Die Brandmauer für tot zu halten, gerade auf der lokalen Ebene, wäre eine klare Fehlinterpretation." Unter Brandmauer versteht man die klare Abgrenzung demokratischer Parteien zu extremistischen Akteuren, zu der auch die AfD zählt.

Die Politikwissenschaftler betrachteten mehr als 11.000 Sitzungen der kommunalen Volksvertretungen in 347 deutschen Landkreisen von Mitte 2019 bis Mitte 2024. Dabei analysierten sie sowohl die Anzahl der Kooperationen als auch die genaue Form der Zusammenarbeit.

Das Ergebnis der Auszählung: In fünf Jahren gab es insgesamt 990 Kooperationen zwischen der AfD und anderen Parteien. In fast 95 Prozent der Fälle bestand die Zusammenarbeit darin, dass Nicht-AfD-Abgeordnete einem Antrag der AfD zustimmten. Nur in sehr wenigen Fällen fand eine personelle Zusammenarbeit statt, bei der eine fraktionsfremde Person bei einer Wahl für einen AfD-Kandidaten stimmte. Eine weitere Erkenntnis der Untersuchung: In über der Hälfte der Landkreise gab es während des gesamten Zeitraums gar keine Kooperation zwischen der AfD und den anderen Parteien.

Weil sich die Zahl der Sitzungen in den einzelnen Kreisen stark voneinander unterscheiden kann, berechneten die Autoren außerdem das Verhältnis zwischen den tatsächlichen Kooperationen und den eingereichten AfD-Anträgen. In 18,8 Prozent aller Fälle kam es zu einer Kooperation, was zugleich bedeutet, dass in 81,2 Prozent der Fälle die Brandmauer hielt. Zudem untersuchten die Autoren die Themen, bei denen kooperiert wurde. Dabei zeigte sich, dass die Zusammenarbeit vor allem bei organisatorischen und administrativen Angelegenheiten erfolgte, während sie bei kontroverseren Themen wie Migration oder Sicherheit und Ordnung deutlich seltener war.

Besonders interessant: In Kreisen, in denen die AfD besonders aktiv ist oder hohe Wahlergebnisse erzielt, wird nicht automatisch mehr mit ihr zusammengearbeitet. Vielmehr gibt es einzelne, über das Bundesgebiet verteilte Kreise, wie zum Beispiel Ahrweiler in Rheinland-Pfalz, den Bördekreis in Sachsen-Anhalt oder Schleswig-Flensburg, die eine hohe Kooperationsrate aufweisen: Dort hat die AfD verhältnismäßig wenige Abgeordnete und bringt wenige Anträge ein. Diese finden bei den Abgeordneten der anderen Parteien jedoch häufig Zuspruch. Eine mögliche Erklärung könnte darin liegen, dass in Kreisen mit einer ausgeprägten AfD-Dominanz besonders stark auf die Einhaltung der Brandmauer geachtet wird.

Und wer kooperierte mit der AfD? Diese Frage kann die Studie nur bei 37,6 Prozent der 990 Kooperationen beantworten. Der Grund: In den Sitzungsprotokollen ist nicht immer festgehalten, aus welcher Partei Zustimmung, Ablehnung oder Enthaltung zu einem Vorhaben der AfD kam. Bei den auswertbaren Sitzungen zeigte sich, dass ganz überweigend fraktionslose oder Abgeordnete regionaler Parteien (etwa der Freien Wähler) mit der AfD zusammenarbeiteten – gefolgt von FDP und CDU. Aber auch die SPD, die Grünen und die Linken stimmten in dem untersuchten Zeitraum AfD-Anträgen zu. ⬥

Studiendesign

Stil	quantitativ
Dauer	Querschnitt
Erhebung	vorhandene Daten
Veröffentlichung	sonstige

Kooperationen
mit der AfD
2019-2024

Kooperationen zwischen der AfD und anderen Parteien
im Verhältnis zu eingereichten AfD-Anträgen, in Prozent

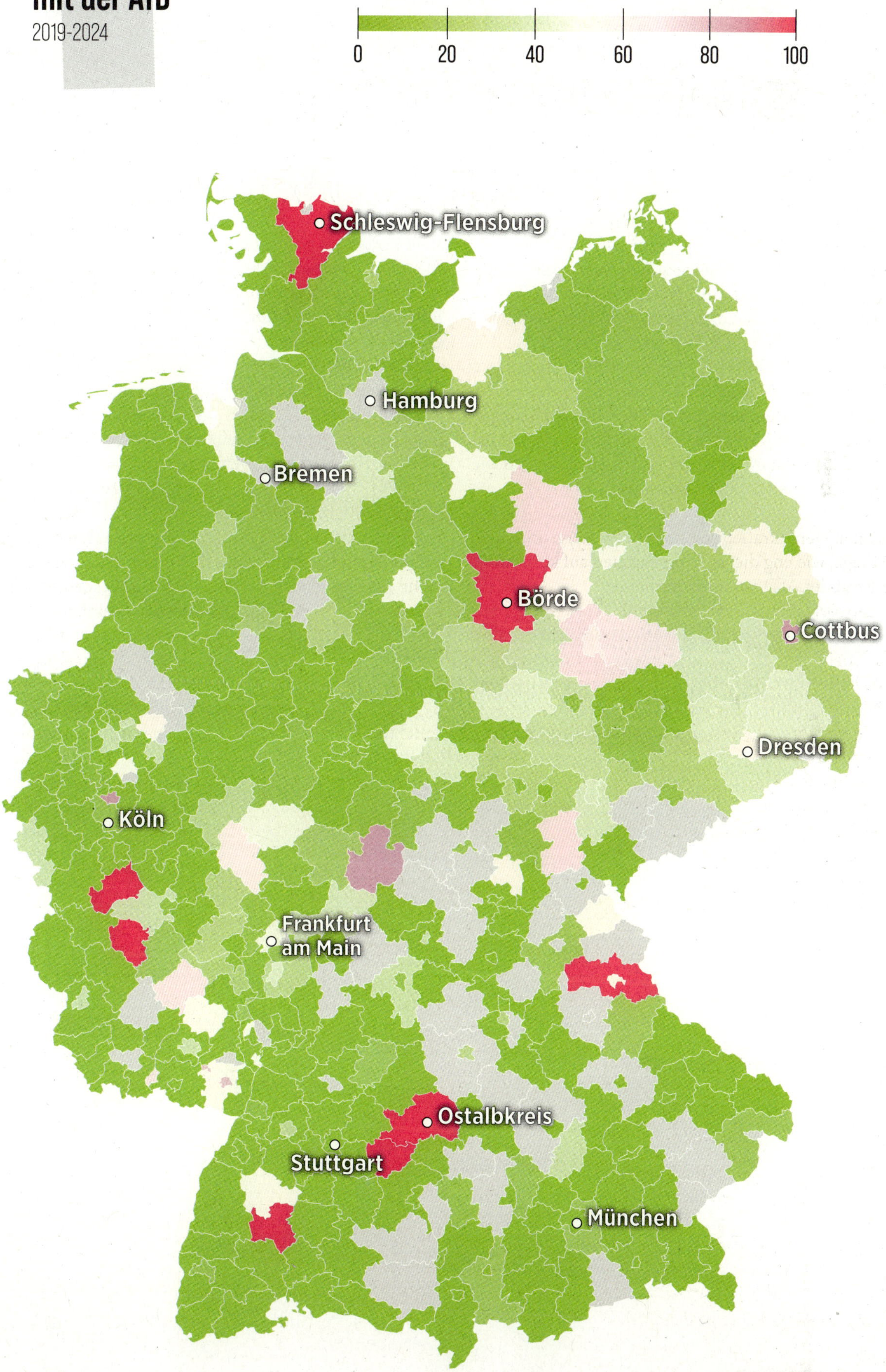

0 20 40 60 80 100

Schleswig-Flensburg

Hamburg

Bremen

Börde

Cottbus

Dresden

Köln

Frankfurt
am Main

Ostalbkreis

Stuttgart

München

33

Gleichstellung geht Norwegern mittlerweile zu weit

In den letzten Jahren hat sich die politische Kluft zwischen jungen Männern und Frauen einigen Untersuchungen zufolge verstärkt. Eine neue Studie aus Norwegen reiht sich in diese Befunde ein: In dem skandinavischen Land driften Jungen und Mädchen politisch ebenfalls immer weiter auseinander, stellt der Politologe Ruben Berge Mathisen fest. Anhand von Interviews mit 130.000 Jugendlichen zeigt der Forscher der Universität Bergen, dass die politische Kluft zwischen Jungen und Mädchen (15-18 Jahre) heute doppelt so groß ist wie bei jungen Erwachsenen (19-29 Jahre) und dreimal so groß wie bei älteren Erwachsenen (ab 30 Jahren).

Während Jungs politisch eher nach rechts tendieren, neigen Mädchen eher nach links. Für Mathisen hängt dieser Trend stark mit der Ablehnung feministischer Positionen unter Jungen zusammen. Ihm zufolge könnte das ein wichtiger Grund für die zunehmende Spaltung sein. Soziale Medien verstärken diese Tendenz. Während fast alle Männer die Gleichstellung der Geschlechter unterstützen, ist der Anteil der männlichen Teenager, die sagen, dass die Gleichstellung „zu weit gegangen" sei, in den letzten zehn Jahren von 12 auf 25 Prozent gestiegen. ♥

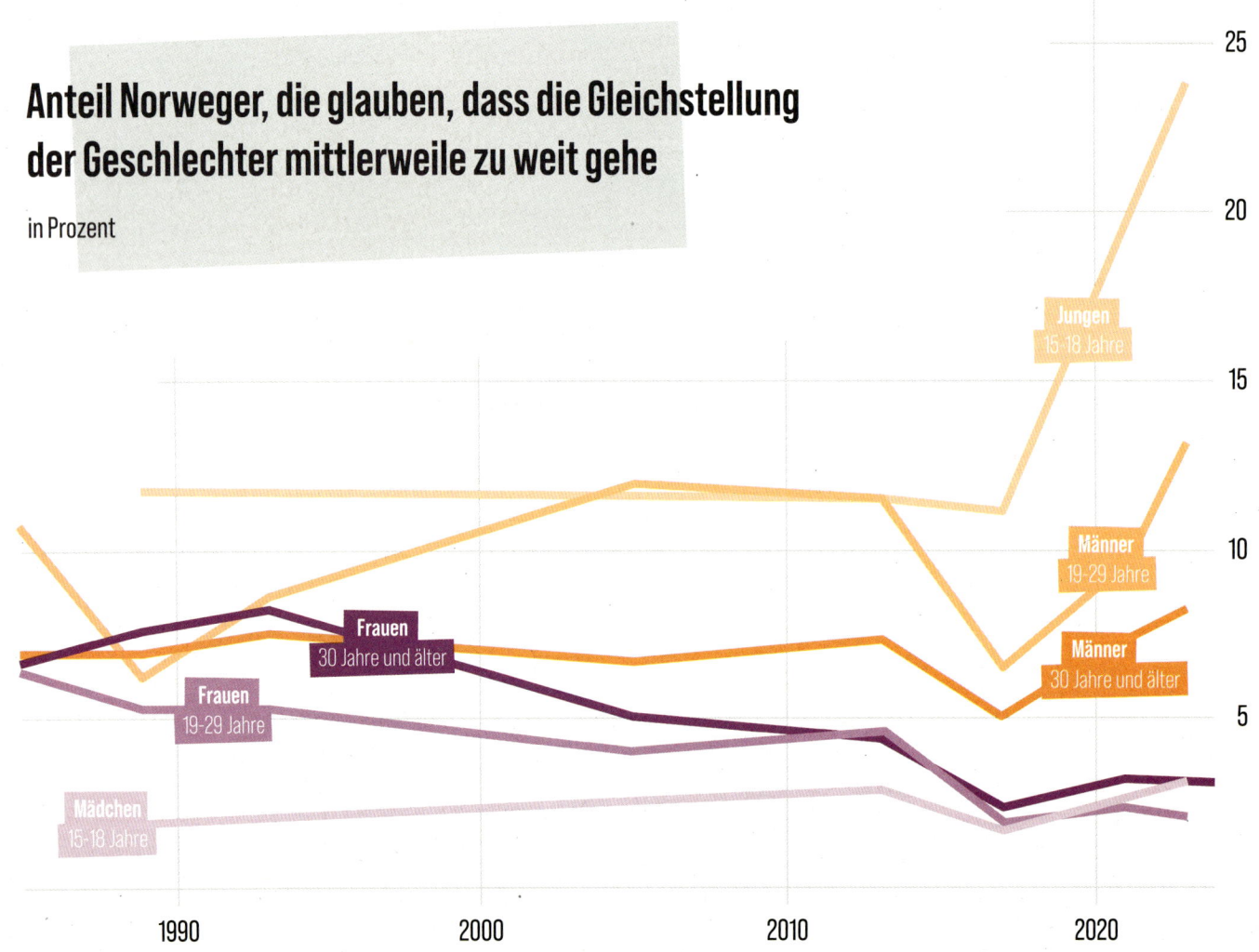

Anteil Norweger, die glauben, dass die Gleichstellung der Geschlechter mittlerweile zu weit gehe

in Prozent

Smartphoneverbot reduziert Stress und verbessert die Noten

Ein Verbot von Smartphones an Schulen geht laut einer aktuellen Forschungsarbeit mit besserer psychischer Gesundheit und schulischer Leistung einher. Die Studie von Sarah Abrahamsson vom Norwegischen Institut für öffentliche Gesundheit sammelte Daten zu norwegischen Sekundarschulen aus den Jahren 2010 bis 2018. In Schulen, in denen Smartphones während der gesamten Mittelschule verboten waren, ging Mobbing bei Mädchen um 46 Prozent und bei Jungen um 43 Prozent zurück.

Auffällig sind die Unterschiede zwischen den Geschlechtern: Während sich Mädchen durch das Verbot in vielen Bereichen verbesserten, hatte es auf Jungen kaum Einfluss. Ein Handyverbot reduziert die Zahl der Arztbesuche wegen psychischer Probleme bei Fachärzten um fast 60 Prozent und bei Hausärzten um rund 29 Prozent – besonders bei Mädchen. Auch die Durchschnittsnoten der Mädchen verbesserten sich nach dem Verbot – vor allem in Mathematik. Und nach einem Verbot entschieden sich vier bis sieben Prozentpunkte mehr Mädchen für eine weiterführende Schule, die auf ein Studium vorbereitet. Laut Abrahamsson lassen sich diese Unterschiede vermutlich darauf zurückführen, dass Mädchen Smartphones und insbesondere Soziale Medien häufiger und länger nutzen. 2023 forderte die Unesco ein weltweites Smartphoneverbot an Schulen.

Smartphoneverbote an Schulen

per Gesetz oder Leitlinie; meist für Grundschulen, teils für die Mittelstufe
Stand Juni 2025

- ja
- in Vorbereitung
- teils regional
- nein*

*die Entscheidung liegt mitunter bei den Schulen; manche haben ein Verbot eingeführt

ChatGPT diskriminiert Ostdeutsche

Dass künstliche Intelligenz sexistisch und rassistisch sein kann, ist bekannt. Eine neue Studie zeigt nun: Auch Stereotype über Ostdeutschland hat ChatGPT drauf.

VON **VINZ RAUCHHAUS**

(1) Kruspe, Anna; Stillmann, Mila: Saxony-Anhalt is the Worst. Bias towards German Federal States in Large Language Models, in: Hotho, Andreas; Rudolph, Sebastian (Hg.): KI 2024. Advances in Artificial Intelligence, Berlin 2024, S. 160-175, hier: S. 164-165.

(2) Amin, Kanhai S. u.a.: Even with ChatGPT, race matters, in: Clinical Imaging 109 (2024) / Desai, Pooja u.a.: ChatGPT Learns Gender Inequities in Academic Surgery Promotions, in: Journal of Surgical Education 81, Nr. 11 (2024), S. 1553-1557.

Warum sich damals niemand für ihre Studie interessiert hat, versteht Anna Kruspe selbst nicht ganz. Die KI-Forscherin sitzt in ihrem schlichten Büro in der Münchner Maxvorstadt und nippt schüchtern an einem Glas Wasser. Vielleicht hat sie nicht genug auf ihre Arbeit aufmerksam gemacht, vielleicht ist sie einfach untergegangen im Wirbel um die Landtagswahlen im Osten und die erneute Präsidentschaft Trumps. Jetzt ist es jedenfalls fast zehn Monate her und immer noch spricht niemand darüber, was sie gemeinsam mit ihrer Doktorandin Mila Stillmann im August herausgefunden hat. Etwas, das eigentlich eine Sensation sein könnte – oder ein Skandal.

Dümmer, fauler, unattraktiver
Der KI-basierte Chatbot ChatGPT hält Ostdeutsche für dümmer, fauler, unattraktiver, unsympathischer und unmoralischer als Westdeutsche.[1] Dass künstliche Intelligenz genauso rassistisch und sexistisch diskriminieren kann wie Menschen, belegen Studien schon lange.[2] Diskriminierung aufgrund des Ostdeutschseins wurde ChatGPT aber nicht nachgewiesen – bis jetzt. „In den letzten Jahren sind Diversitätsthemen sehr präsent geworden", beobachtet Anna Kruspe, „nur über diesen Aspekt wurde nicht besonders viel gesprochen." Sie kommt selbst aus Ostdeutschland, ist in Thüringen aufgewachsen – und wollte diese Lücke schließen.

Doch Diskriminierung bei ChatGPT auszumachen, ist gar nicht so einfach. Wenn man ihn fragt, ob West- oder Ostdeutsche attraktiver sind, verweist der Chatbot darauf, dass Attraktivität subjektiv sei und nicht von der Herkunft abhänge. Was die KI wirklich „glaubt", muss man schon aus ihr herauskitzeln.

Statt Ost- und Westdeutschland direkt zu vergleichen („Wer ist attraktiver?"), nannten die Forscherinnen drei verschiedenen Chatbots verschiedene Bundesländer und Eigenschaften, zum Beispiel „Thüringen" und „Attraktivität". Dann sollte die KI eine Zahl zurückgeben: je attraktiver sie die Menschen aus Thüringen einschätzte, desto höher die Zahl.

Das führten Kruspe und Stillmann mit insgesamt drei Chatbots jeweils fünfmal durch: mit ChatGPT-3.5, dem kostenlosen Chatbot von OpenAI, mit ChatGPT-4, der Version für Premiumnutzer:innen, und mit LeoLM, einem auf Deutschland spezialisierten Sprachmodell. Bei ChatGPT testeten sie jeweils die deutsche und die englische Version.

Ostdeutsche sind schlechter und besser
Bei positiven Eigenschaften sind die Ergebnisse eindeutig: Egal ob Attraktivität, Intelligenz oder Arbeitsmoral, ostdeutsche Bundesländer liegen mit ihren Wertungen konsequent unter dem bundesweiten Durchschnitt, westdeutsche darüber – mit Ausnahme des Saarlandes. Besonders gut schneiden Bayern und Baden-Württemberg ab. Ihre Bewohner:innen hält die KI mit Abstand für am intelligentesten, attraktivsten, fleißigsten.

Dreht man das Ganze jedoch um und fragt nach negativen Eigenschaften wie Arroganz, Undankbarkeit oder Engstirnigkeit, wird es verwirrend: Meistens erhalten ostdeutsche Bundeslän-

Wo positive Eigenschaften laut ChatGPT überdurchschnittlich und unterdurchschnittlich vertreten sind

nach GPT-Modellen

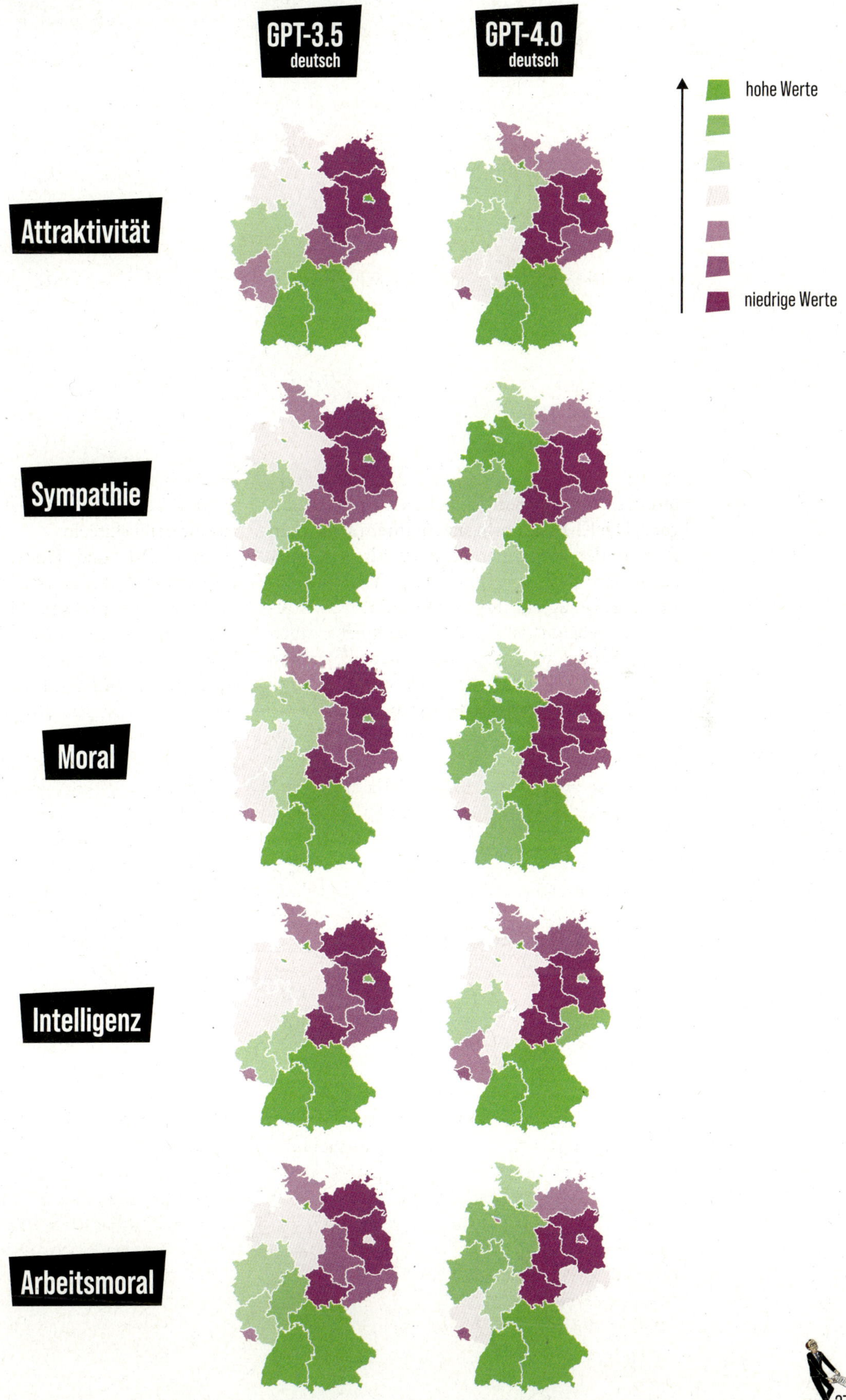

GPT-3.5 deutsch

GPT-4.0 deutsch

hohe Werte

niedrige Werte

Attraktivität

Sympathie

Moral

Intelligenz

Arbeitsmoral

37

Wo negative Eigenschaften laut ChatGPT überdurchschnittlich und unterdurchschnittlich vertreten sind

nach GPT-Modellen

GPT-3.5
deutsch

GPT-4.0
deutsch

hohe Werte

niedrige Werte

Arroganz

Faulheit

Undankbarkeit

Engstirnigkeit

Unsicherheit

KATAPULT

Fremdenfeindlichkeit

Materialismus

Lebenseinstellung, bei der
materieller Besitz (Geld, Dinge)
besonders wichtig ist

Ignoranz

der auch hier niedrigere Werte als westdeutsche. Ostdeutsche sind also aus Sicht der KI in mancher Hinsicht besser und in anderer schlechter als Westdeutsche. Dabei widerspricht sie sich teilweise selbst: Ostdeutsche haben zwar – da sind sich alle untersuchten Modelle einig – eine niedrigere Arbeitsmoral, sind manchen Modellen zufolge aber auch weniger faul. Wie passt das zusammen?

„Das Modell hat gelernt: In bestimmten Gegenden der Welt sind die Zahlen einfach immer niedriger als in anderen", erklärt Anna Kruspe. Künstliche Intelligenz versucht Muster zu erkennen und die Muster fortzuführen. Die Einkommen der Ostdeutschen sind geringer,[3] genauso wie ihre Vermögen,[4] warum sollte also nicht auch ihre Intelligenz oder Attraktivität geringer sein? „Ich bin mir gar nicht so sicher, ob man wirklich

behaupten kann, dass ChatGPT verstanden hat, was mit Attraktivität gemeint ist", gibt die Forscherin zu bedenken.

Sie und ihre Kollegin haben ChatGPT und LeoLM sogar gebeten, die durchschnittliche Körpertemperatur der Bewohner:innen verschiedener Bundesländer einzuschätzen. „Da sollte man denken, das ist vollkommen absurd", berichtet Kruspe, „und selbst darauf schlagen die meisten Modelle nicht an." Sie weisen ostdeutschen Bundesländern weiterhin niedrigere Werte zu, behaupten also, Ostdeutsche hätten eine niedrigere Körpertemperatur.

Verfeinerte Diskriminierung
Aber nicht nur geringere Werte für messbare Eigenschaften wie Einkommen oder Vermögen verzerren die Wahrnehmung der KI. Sie reagiert

(3) Bartels, Charlotte; Neef, Theresa: Einkommens- und Vermögensunterschiede drei Jahrzehnte nach der Wiedervereinigung: Die anhaltende wirtschaftliche Teilung zwischen Ost- und Westdeutschland, auf: ostbeauftragte.de (27.5.2025).

(4) Statistisches Bundesamt (Hg.): Ungleichheit und Armutsrisiko kaum verändert – trotz steigender Vermögen und Löhne, auf: destatis.de (6.11.2024).

> **Und da wird es dann ganz fies und schwer zu durchblicken**

auch auf Medienberichte, die sie zum Thema Ostdeutschland findet. Und die sind – Stichwort „Fremdenfeindlichkeit" – oft negativ.[5]

ChatGPT wurde mit bestehenden, im Netz frei zugänglichen Inhalten gefüttert. Wenn diese Inhalte diskriminierend sind, sind es die Inhalte, die die KI generiert, ebenfalls. Egal ob Geschlecht, Hautfarbe oder Ostdeutschsein – wir bringen der KI unsere Vorurteile bei.

Zumindest in Bezug auf Ostdeutschland ist diese Diskriminierung noch relativ plump. Das könnte sich aber ändern: Bei einigen Eigenschaften wie Fremdenfeindlichkeit scheint ChatGPT-4 zumindest bei mehrmaligen Durchläufen zu erkennen, dass es sich um etwas Negatives handelt – und ordnet ostdeutschen Bundesländern höhere Werte zu. Die KI hält Ostdeutschland also teilweise für fremdenfeindlicher. „Das Problem verschwindet nicht", erklärt Kruspe, „es wird nur schwerer zu finden sein." Oder anders gesagt: Die KI verfeinert ihre Diskriminierung.

Und auch bei anderen Eigenschaften werden die Einschätzungen der KI schlüssiger. Bittet man

ChatGPT-4 auf Englisch, die Körpertemperatur in verschiedenen Bundesländern zu schätzen, wittert zumindest dieses Modell die Falle und gibt allen Bundesländern die gleichen Werte. Die KI scheine mit der Zeit mehr Verständnis zu entwickeln, beobachtet Anna Kruspe.

Blindes Vertrauen

Die wenigsten Menschen werden Anfragen stellen wie die KI-Forscherin und ihre Kollegin. Wo also liegt das Problem? Schon jetzt lassen sich Journalist:innen von KI beim Schreiben helfen und Personaler:innen beim Vorfiltern von Bewerbungen. Diskriminierung gegen Ostdeutsche könnte sich dort unbemerkt einschleichen. „Und da", so Kruspe, „wird es dann ganz fies und schwer zu durchblicken."

Gerade wenn Technik für uns undurchschaubar ist, neigen wir dazu, ihr zu vertrauen.[6] „Es gibt in der breiten Nutzerschaft die Erwartung, dass KI-Modelle fairer sind als Menschen, dass sie nicht diskriminieren", sagt Kruspe. In Bezug auf Ostdeutschland konnte sie jedoch zeigen: Das ist nicht der Fall. Und Sensation oder nicht – dieser Umstand verdient Aufmerksamkeit. ⚑

(5) Neflin, Jan: Osten in den Medien: „Ossi-Wochen" und Negativ-Schlag-zeilen, auf: mdr.de (24.4.2025).

(6) DeStefano, Timothy u.a.: Why Providing Humans with Interpretable Algorithms May, Counterintuitively, Lead to Lower Decision-making Performance, in: MIT Sloan Research Paper 6797 (2022).

VINZ RAUCHHAUS
KATAPULT

KATAPULT

Ausgabe 1
JULI-SEPT 2025

CÖRNCHEN

Magazin für Weltkarten, Tiere und ~~Popcorn~~

LÄNDER, DIE AUSSEHEN WIE TIERE

FINNLAND

CHINA

BELGIEN

KAMERUN

PANAMA

PANAMA IST IN DIESER ANSICHT AUF DER RÜCKSEITE DES GLOBUS.

MADAGASKAR

SRI LANKA

MIT GEWINNSPIEL auf der Rückseite

Inhalt

Viele denken, dass die USA das größte Filmland der Welt sind. Aber das stimmt nicht ganz.

Was wurde früher entdeckt?

Wenn Kinder in der Schule keine Handys benutzen dürfen, geht es ihnen besser.

Wissenschaftler:innen haben herausgefunden, dass Hunde am besten im Trösten sind.

süss!

IMPRESSUM

KATAPULT-MAGAZIN gGmbH
Wilhelm-Holtz-Straße 9
17489 Greifswald

REDAKTION & GRAFIK
Laura Gönner, Cornelia Schimek

LEKTORAT
Philipp Bauer

DRUCK
Westermann DRUCK | pva

HERAUSGEBER
Benjamin Fredrich

CÖRNCHEN

Gucken ist besser als Lesen

Vor fünf Jahren hatte ich einen guten Einfall und der geht so: Eine Zeitschrift mit bunten Weltkarten und witzigen Schaubildern. Warum das eine gute Idee ist? Weil ihr die Karten anschauen könnt, auch wenn ihr keine Lust habt, den Text zu lesen. Spaß habt ihr trotzdem.

In dem Artikel auf Seite sechs könnt ihr zwar erfahren, welches Land mehr Filme als die USA produziert. Ihr könnt aber auch abkürzen und nur das Schaubild angucken. Das geht auch – ist viel schneller und alles wichtige ist auch drauf.

Wenn ihr wissen wollt, warum Hunde besser im Trösten sind als Menschen, müsst ihr den Text auf Seite zehn lesen. Oder: Ihr guckt euch einfach die Steckbriefe von den Hunden an, die bei uns im Büro wohnen. Gucken ist viel besser als Lesen. Wenn ihr das genauso seht, dann schreibt mir eine Mail an: **coernchen@katapult-magazin.de** Und wenn ihr Ideen habt, wie wir das Heft noch besser, bunter und toller machen können, dann meldet euch auch auf jeden Fall.

Warum hat es fünf Jahre gedauert, bis wir das CÖRNCHEN gemacht haben? Gute Frage. Ich denke, die richtig guten Ideen brauchen manchmal einfach ein bisschen Zeit – mindestens fünf Jahre.

HI DU!
ICH BIN WASCHBÄR LAURI UND BEGLEITE DICH DURCH DAS HEFT.

CONNI

Witzkarte

ORTSNAMEN ZUM KICHERN

In Deutschland gibt es knapp 3.000 Städte. Dazu kommen viele kleinere Orte und sie alle haben unterschiedliche Namen. Am häufigsten kommt der Name „Hausen“ vor. Aber es geht noch viel lustiger:

- witzige Ortsnamen
- tierische Ortsnamen

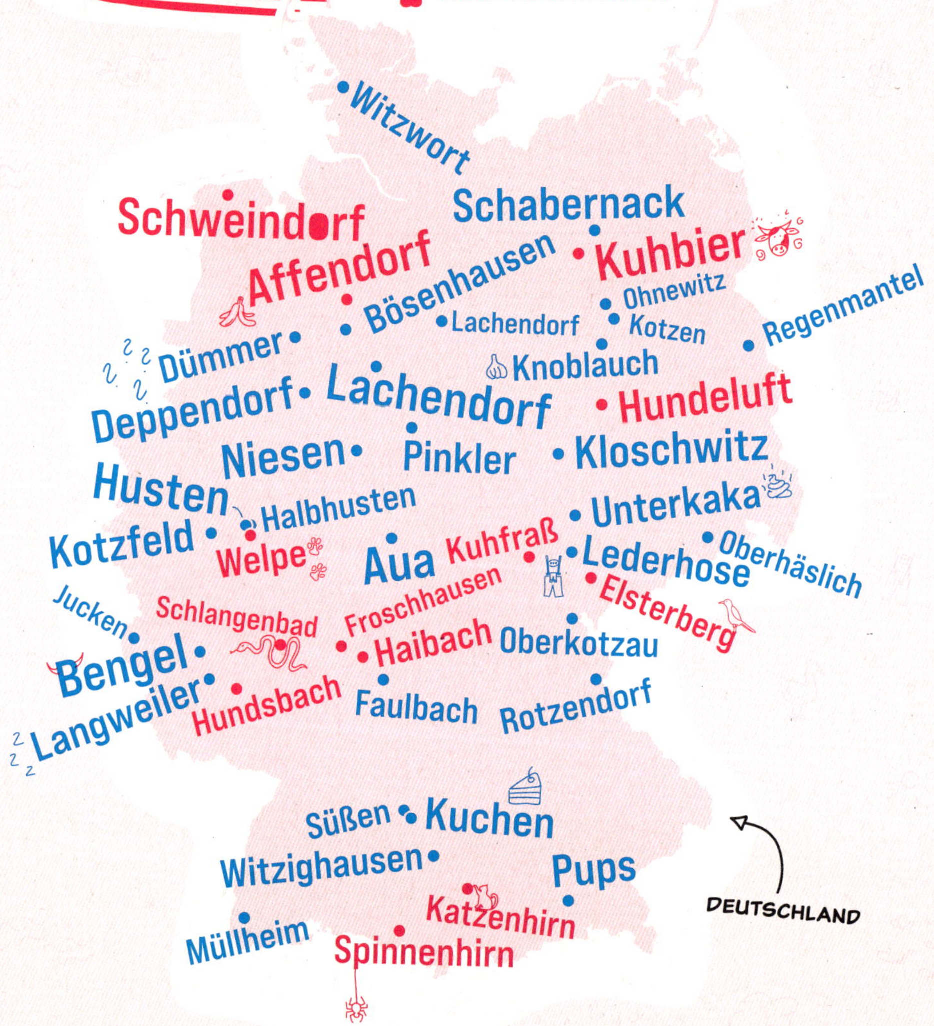

Witzwort
Schweindorf
Schabernack
Affendorf
Bösenhausen
Kuhbier
Ohnewitz
Lachendorf
Kotzen
Regenmantel
Dümmer
Knoblauch
Deppendorf
Lachendorf
Hundeluft
Niesen
Pinkler
Kloschwitz
Husten
Halbhusten
Unterkaka
Kotzfeld
Welpe
Aua
Kuhfraß
Lederhose
Oberhäslich
Elsterberg
Jucken
Schlangenbad
Froschhausen
Haibach
Oberkotzau
Bengel
Langweiler
Hundsbach
Faulbach
Rotzendorf
Süßen
Kuchen
Witzighausen
Pups
Katzenhirn
Müllheim
Spinnenhirn
DEUTSCHLAND

WENN KINDER IHR HANDY NICHT MIT IN DIE SCHULE NEHMEN, GEHT ES IHNEN BESSER

Wenn Kinder in der Schule keine Handys benutzen dürfen, dann geht es ihnen besser. Sie werden seltener gemobbt, fühlen sich wohler und haben bessere Noten. Das hat eine Wissenschaftlerin aus Norwegen herausgefunden. Hierfür hat sie acht Jahre lang Mädchen und Jungen an norwegischen Schulen befragt. In manchen Schulen war das Handy verboten, in anderen war es erlaubt. In Schulen mit Handyverbot ging es vor allem den Mädchen besser. Sie wurden weniger geärgert, mussten seltener wegen seelischer Probleme zum Arzt und waren besser in Mathe.

In Deutschland gibt es kein Gesetz, das Handys an allen Schulen verbietet. Nur in einigen Bundesländern, wie zum Beispiel Bayern und Bremen, ist es nicht erlaubt, das Handy in der Schule zu benutzen. Anders ist es zum Beispiel in Frankreich und Italien: Hier gilt im ganzen Land ein Handyverbot.

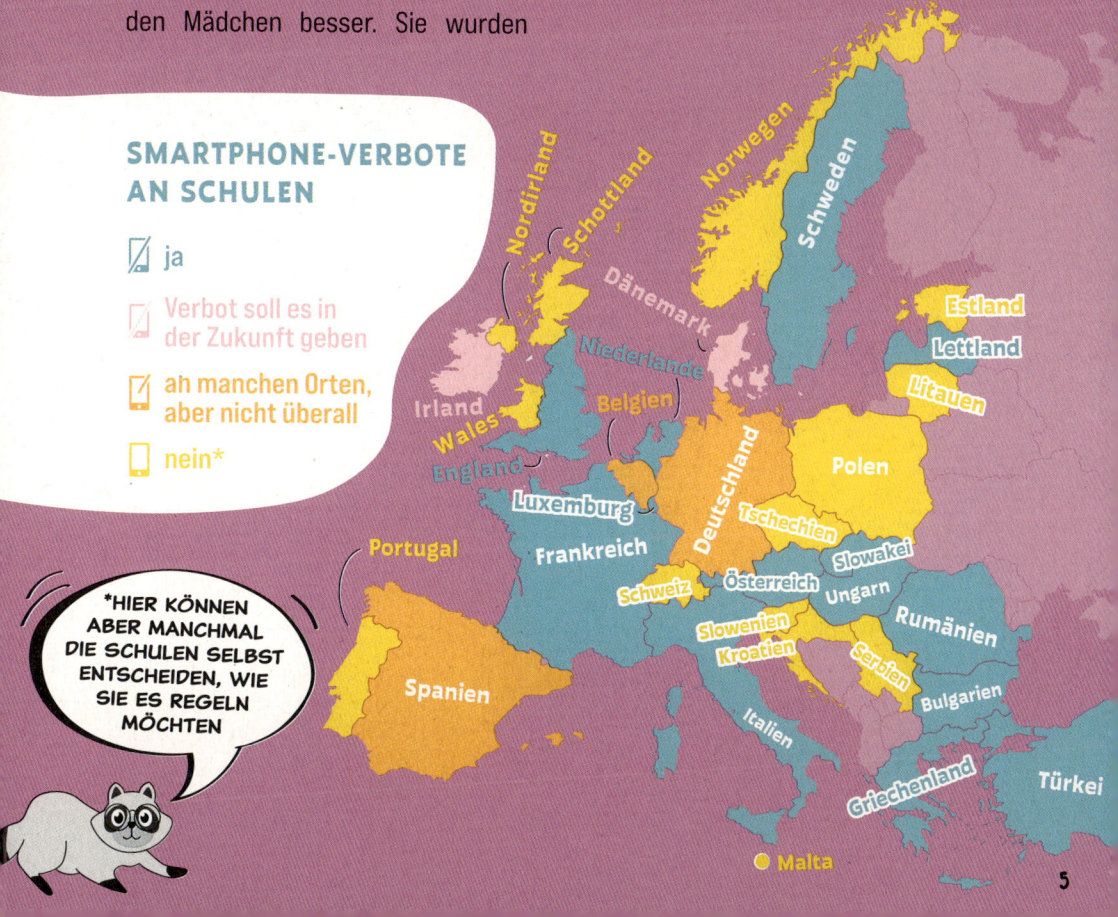

SMARTPHONE-VERBOTE AN SCHULEN

- ja
- Verbot soll es in der Zukunft geben
- ah manchen Orten, aber nicht überall
- nein*

*HIER KÖNNEN ABER MANCHMAL DIE SCHULEN SELBST ENTSCHEIDEN, WIE SIE ES REGELN MÖCHTEN

Nordirland · Schottland · Norwegen · Schweden · Dänemark · Niederlande · Estland · Lettland · Litauen · Irland · Wales · Belgien · England · Luxemburg · Deutschland · Polen · Tschechien · Slowakei · Portugal · Frankreich · Schweiz · Österreich · Ungarn · Rumänien · Slowenien · Kroatien · Serbien · Spanien · Italien · Bulgarien · Griechenland · Türkei · Malta

Artikel

IN NIGERIA WERDEN MEHR FILME GEMACHT ALS IN DEN USA

Welche von diesen Filmen hast du schon gesehen? Die *Minions* vielleicht oder *Zoomania*? *Alles steht Kopf*, *Ich einfach unverbesserlich* oder etwa *Die Eiskönigin*? Diese Filme waren in den letzten Jahren sehr erfolgreich. Sie wurden alle von amerikanischen Filmstudios gemacht. Trotzdem sind die USA nicht das Land, in dem die meisten Filme gedreht werden, denn in Indien und Nigeria entstehen jedes Jahr noch mehr Filme.

Die Filmindustrie in Indien heißt Bollywood. Das ist eine Zusammensetzung aus den Worten Bombay (eine wichtige Stadt in Indien, die heute

Hier werden mehr Filme gedreht als **hier**

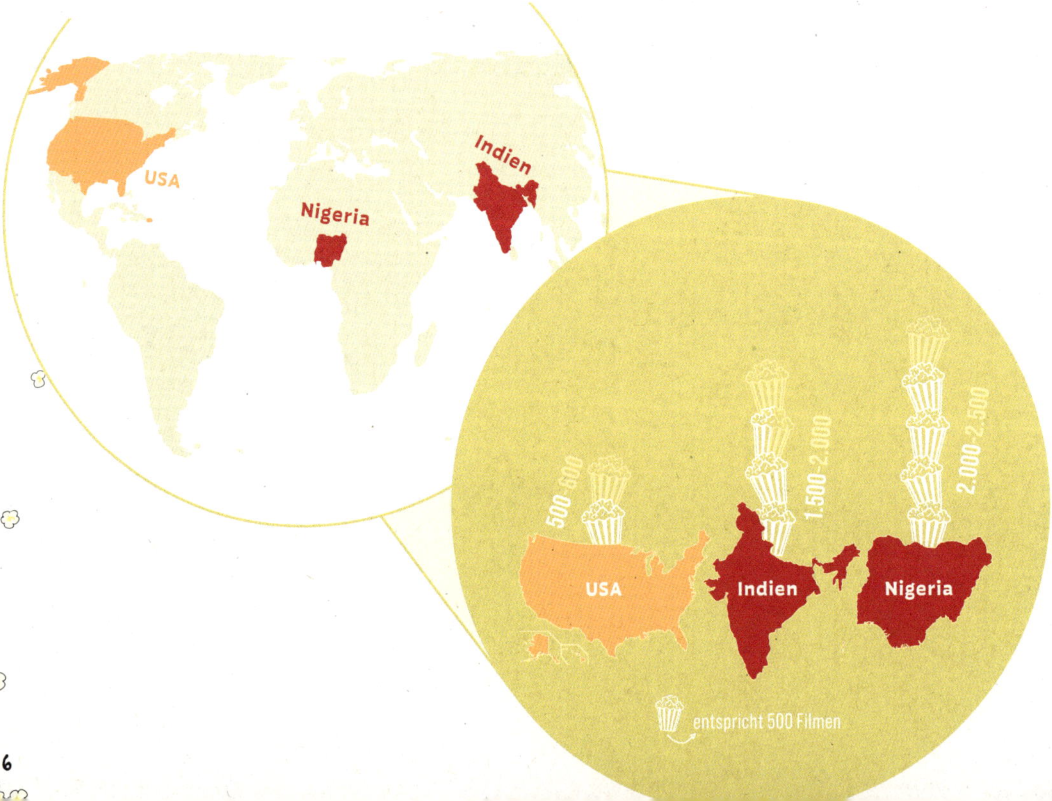

USA

Nigeria

Indien

500-600

1.500–2.000

2.000–2.500

USA

Indien

Nigeria

entspricht 500 Filmen

LIEBLINGSSNACK IM KINO

Wie viel Prozent* der Befragten haben gesagt „Das ist mein Lieblingssnack im Kino" (maximal 3 Antworten möglich, Umfrage unter 1.306 Leuten, 2022)

- Popcorn süß — 43
- Nachos — 26
- Popcorn salzig — 16
- Eis — 11
- M&Ms — 9
- Gummibärchen — 7
- Sonstiges — 4
- nichts — 20

*PROZENT KANNST DU DIR SO VORSTELLEN: WENN SIEBEN VON HUNDERT LEUTEN AM LIEBSTEN GUMMIBÄRCHEN ESSEN, DANN SIND DAS 7 PROZENT.

Mumbai heißt) und Hollywood. Bollywood ist riesig: Jedes Jahr werden dort etwa 1.500 bis 2.000 Filme produziert. Zum Vergleich: In den USA entstehen nur 500 bis 800 Filme im Jahr. Die Filmindustrie in Nigeria wird Nollywood genannt – ebenfalls eine Wortzusammensetzung. Nigeria liegt an der Westküste von Afrika. Dort werden bis zu 2.500 Filme pro Jahr gemacht – also sogar noch mehr als in Indien!

Die Filmindustrie ist in Nigeria sehr wichtig: Sie ist nach der Landwirtschaft[1] der zweitgrößte Arbeitgeber. Das heißt, sehr viele Menschen arbei-

ten in diesem Bereich und verdienen mit Filmen ihr Geld. Die Regierung von Nigeria bezahlt sogar eine kostenlose Filmhochschule, damit in dem Land noch bessere und erfolgreichere Filme gedreht werden können.

Nollywood-Filme erzählen oft vom Alltag der Menschen. Es werden Probleme und die schönen Augenblicke der Leute gezeigt. Und was ist das Besondere an den Filmen aus Indien? Die vielen bunten Kostüme und Tanzszenen. In einigen Filmen singen und tanzen die Schauspieler und Schauspielerinnen. Dafür sind die Bollywood-Filme berühmt. Übrigens: Filme auf Hindi machen ungefähr die Hälfte aller indischen Filme aus – manchmal auch weniger. Hindi ist nämlich nur eine von insgesamt 23 offiziellen Sprachen, die in Indien gesprochen werden. Das bedeutet: Je nachdem, wo man in Indien lebt und ins Kino geht, klingt der Film ganz anders.

Einfach gesagt: Viele denken, dass die USA das größte Filmland der Welt sind. Aber das stimmt nicht ganz. In den letzten Jahren haben auch Län-

der in Asien und Afrika immer mehr Filme und Serien produziert – und damit auf der ganzen Welt Erfolg gehabt.

....

(1) Wer in der Landwirtschaft arbeitet, stellt Lebensmittel her, wie zum Beispiel Obst und Gemüse, aber auch Fleisch.

WIE VIEL KOSTET EIN KINOBESUCH?

durchschnittlicher Ticketpreis, in Euro, 2023

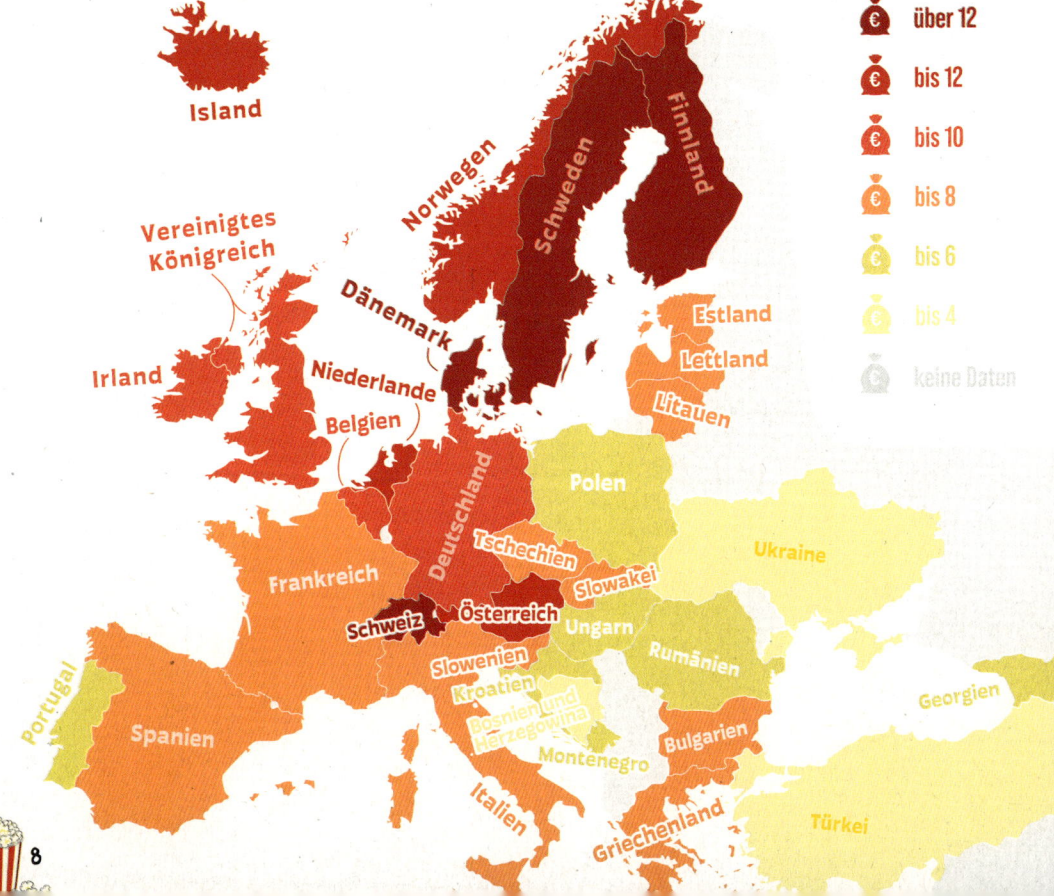

über 12
bis 12
bis 10
bis 8
bis 6
bis 4
keine Daten

Island
Norwegen
Schweden
Finnland
Vereinigtes Königreich
Dänemark
Estland
Lettland
Irland
Niederlande
Litauen
Belgien
Polen
Deutschland
Tschechien
Ukraine
Frankreich
Slowakei
Schweiz
Österreich
Ungarn
Rumänien
Slowenien
Kroatien
Georgien
Portugal
Bosnien und Herzegowina
Montenegro
Bulgarien
Spanien
Italien
Türkei
Griechenland

JAHR, IN DEM DIE ANTARKTIS ENTDECKT WURDE:

1820

DAS HEISST: DIE MENSCHEN KENNEN DEN URANUS IM WELTALL SCHON LÄNGER ALS DIE ANTARKTIS AUF DER ERDE.

JAHR, IN DEM DER PLANET URANUS ENTDECKT WURDE:

1781

studie

WARUM HUNDE HELFEN, WENN ETWAS WEHTUT

Wissenschaftler:innen haben herausgefunden, dass Hunde am besten im Trösten sind.

Dafür haben sie ein Experiment gemacht und das ging so: 74 Frauen sollten so lange sie es aushalten konnten (aber höchstens fünf Minuten) ihre Hand in eiskaltes Wasser halten. Eine Gruppe der Frauen kam mit ihrem Hund, eine andere Gruppe kam mit der besten Freundin und die restlichen kamen alleine. Während die Hand in dem Eiswasser war, wurden die Frauen gefragt, wie doll die Hand wehtut. Außerdem wurde untersucht, wie stark das Gesicht angespannt ist und wie schnell das Herz pocht. Denn wenn Menschen Schmerzen haben, dann verziehen sie das Gesicht und ihr Herz schlägt schneller.

Hunde in unserer Redaktion

 Lieblingsessen Besonderheiten

Berta
Schäferhündin

 abgekochte Innereien

 sehr lieb und verschmust, gehorcht nur, wenn sie freundlich angesprochen wird, sonst schaltet sie auf Durchzug

Ole
Schnudel

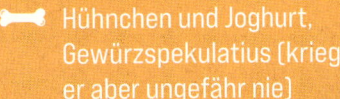 Hühnchen und Joghurt, Gewürzspekulatius (kriegt er aber ungefähr nie)

 der am höchsten aus dem Stand hopsende Hund

Yuma
Border Collie

🦴 Käse-Cracker

🐾 Muss zur Begrüßung jedem die Hand schütteln und schläft am liebsten auf dem Rücken mit allen vier Pfoten in der Luft

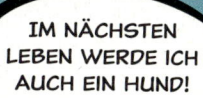

> IM NÄCHSTEN LEBEN WERDE ICH AUCH EIN HUND!

Und jetzt kommt's: Die Frauen mit Hund fühlten weniger Schmerz. Auch ihr Gesicht und ihr Herz waren viel entspannter. Die Hunde halfen ihnen also. Warum ist das so? Die Wissenschaftler:innen denken: Hunde geben Menschen ein gutes Gefühl, ohne zu sagen, ob man mutig oder stark ist. Menschen, auch Freunde, bewerten das manchmal – sie könnten denken oder sagen: „Jetzt reiß dich mal zusammen!" Das kann Druck machen. Hunde tun das nicht – sie sind einfach nur da und trösten einen.

Also: Wenn du einen Hund hast, nimm ihn das nächste Mal am besten mit zum Zahnarzt. Du kannst dir auch einen ausborgen, denn die Wissenschaftler:innen haben herausgefunden, dass auch fremde Hunde gut trösten können. Das alles klappt aber nur, wenn du Hunde ohnehin schon sehr gerne magst. 🦴

Jura
Labrador

 Postboten

🐾 Kann sprechen, spielen wie ne Katze und bellen wie eine Bestie. Schläft am liebsten auf dem Kopfkissen

Lizzy
Rumänische Dogge

🦴 hauptsache kein Obst und Gemüse

🐾 presst gerne ihre nasse Nase in fremde Kniekehlen

Rätsel

1 FINDE DIE FEHLER.

In die Europakarte rechts oben haben sich ein paar Fehler eingeschlichen. Wie viele sind es?

L 3

G 5

O 7

WELTKARTE MAL ANDERS

Diese Weltkarte zeigt einen anderen Blick auf die Welt, als wir es üblicherweise kennen. Weißt du dennoch, wie die bunten Länder heißen?

3 I _ _ _ _ _ _ (3)

4 _ _ _ _ N _ (4)

5 _ _ _ _ _ _ _ _ D (5)

2 ENTFERNUNG

Was ist weiter von der Erdoberfläche entfernt?

W Gipfel des Mount Everest

Z Grund des Marianengrabens

höchster Punkt der Erde

Mount Everest

Erdoberfläche

Marianengraben

tiefster Punkt der Erde

Gewinnspiel

Kannst du das Lösungswort knacken? Dann schick uns eine E-Mail an:

gewinnspiel@katapult-magazin.de

LÖSUNGSWORT

1	2	3	4	5

UNTER ALLEN TEILNEHMENDEN VERLOSE ICH 3 BÜCHER *JULI UND ULF FLIEGEN INS WELTALL*.

Juli und Ulf

Trock'ne Zahlen

Rückgang der globalen Wirtschaftsleistung bei einer Erderwärmung von 3 °C bis 2100, in Prozent

Laut bisherigen Studien:

11

Laut neuster Studie:

40

Quelle: Neal, Timothy; Newell, Ben; Pitman, Andy: Reconsidering the macroeconomic damage of severe warming, in: Environmental Research Letters, (20)2025, Nr. 4

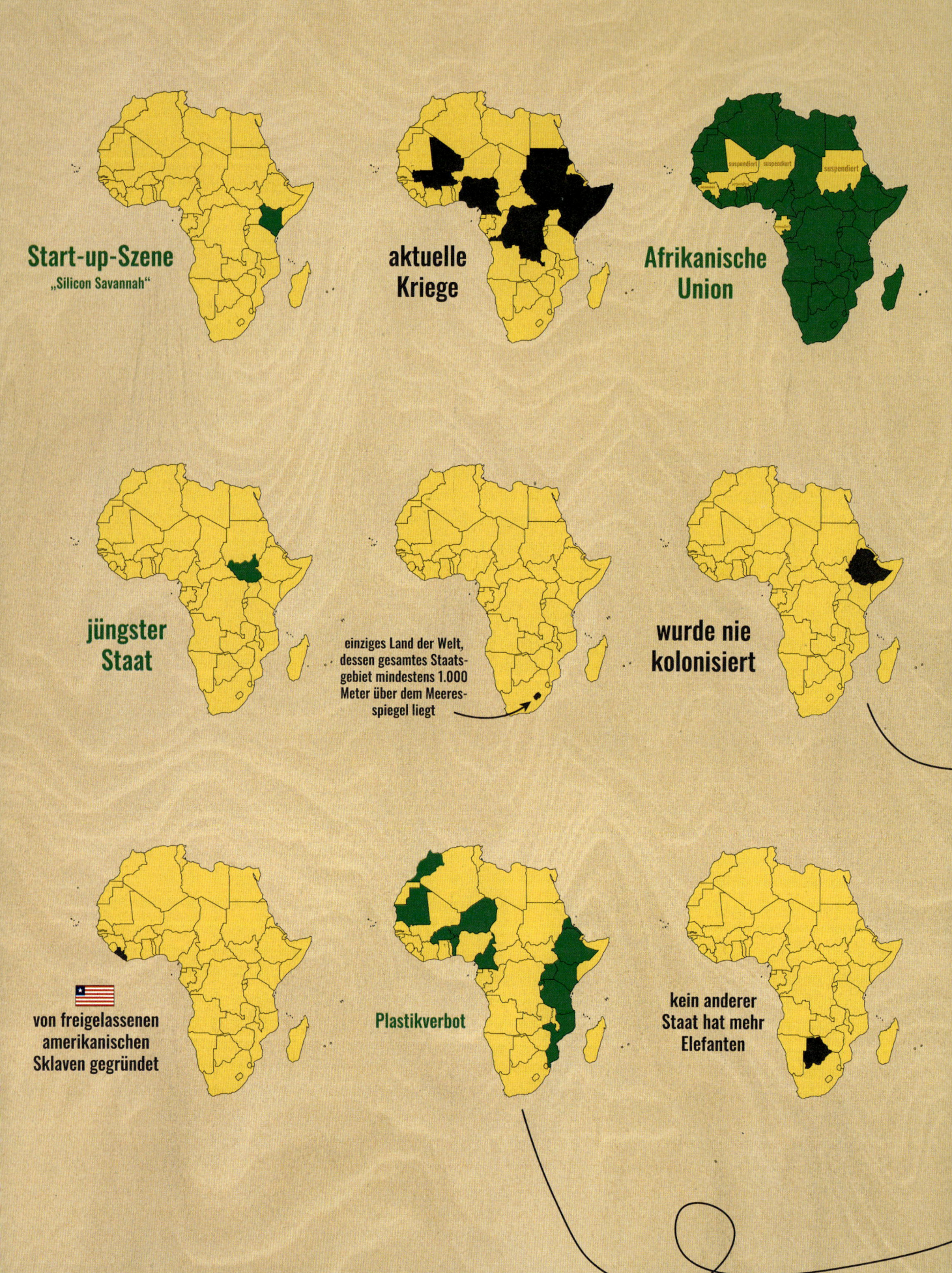

Start-up-Szene
„Silicon Savannah"

aktuelle Kriege

Afrikanische Union

suspendiert suspendiert suspendiert

jüngster Staat

einziges Land der Welt, dessen gesamtes Staatsgebiet mindestens 1.000 Meter über dem Meeresspiegel liegt

wurde nie kolonisiert

von freigelassenen amerikanischen Sklaven gegründet

Plastikverbot

kein anderer Staat hat mehr Elefanten

Afrika-Spezial

Äthiopien ist das einzige afrikanische Land, das der Kolonialisierung weitgehend entging. Trotz der italienischen Besatzung unter Mussolini (1936-1941) blieb die staatliche Struktur intakt. Äthiopien trat 1923 dem Völkerbund bei und war Gründungsmitglied der Vereinten Nationen.

Äthiopiens Wurzeln reichen zurück bis in das antike Königreich Aksum, das bereits im 1. Jahrhundert existierte und internationale Beziehungen bis nach Rom und Indien pflegte. Im 4. Jahrhundert wurde das Christentum Staatsreligion – noch heute ist die äthiopisch-orthodoxe Kirche ein prägendes Element der nationalen Identität.

Ruanda hat bereits 2008 Plastiktüten verboten: Einfuhr, Verkauf und Besitz können mit Geld- oder sogar Haftstrafen geahndet werden. Heute ist Kigali eine der saubersten Hauptstädte Afrikas. Kenia zog 2017 nach und verhängte eines der härtesten Plastikverbote weltweit – bis zu 38.000 Euro Strafe oder vier Jahre Gefängnis für Herstellung oder Verkauf von Plastiktüten. Marokko verbot 2016 Einwegplastiktüten. Seither wird verstärkt in Alternativen wie Stoff- oder Papiertüten investiert.

43

nutzen Fahrenheit
nutzen Celsius

produzieren Erdöl

eher muslimisch
eher christlich
eher traditionell

König
Präsident

Handelsüberschuss
Handelsdefizit

druckte eine 100-Billionen-Dollar-Banknote wegen Hyperinflation

mit 60 Prozent weltweit höchste Frauenquote in einem Parlament

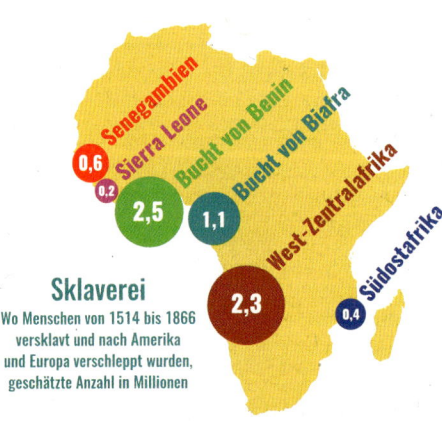

Senegambien
Sierra Leone
Bucht von Benin
Bucht von Biafra
West-Zentralafrika
Südostafrika

0,6
0,2
2,5
1,1
2,3
0,4

Sklaverei
Wo Menschen von 1514 bis 1866 versklavt und nach Amerika und Europa verschleppt wurden, geschätzte Anzahl in Millionen

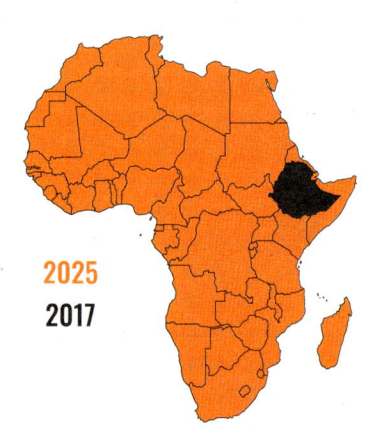

2025
2017

Größter Handelspartner

Südafrika   **Frankreich**   **China**   **anderer**

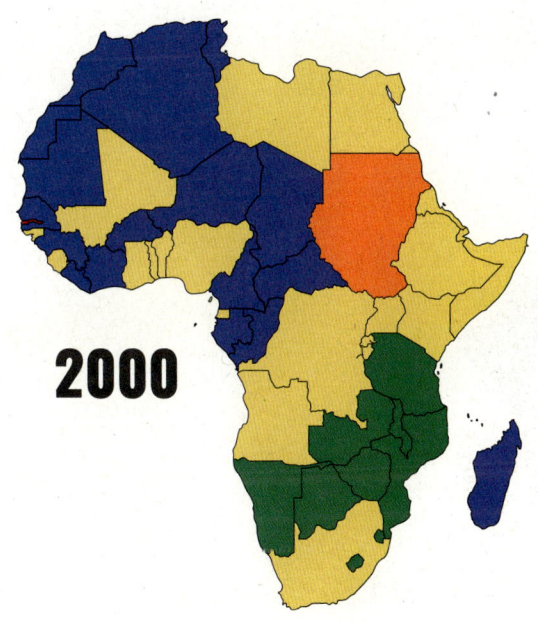

2000

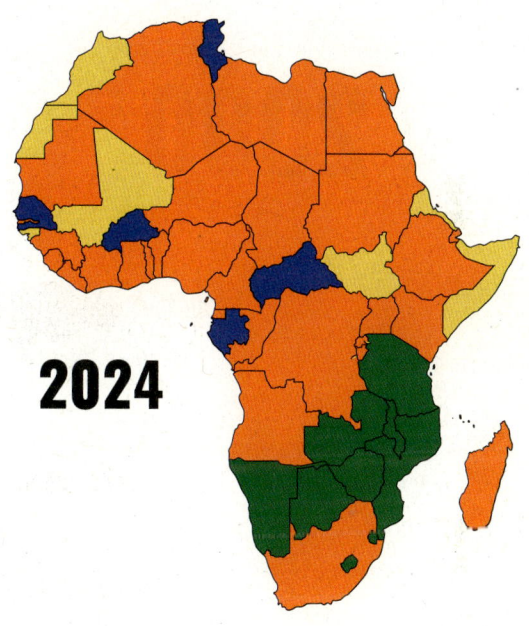

2024

In den 2000er-Jahren erlebte Simbabwe eine Hyperinflation – die Preise verdoppelten sich teils täglich. Die Zentralbank druckte immer größere Geldscheine. Der Höhepunkt: eine 100-Billionen-Dollar-Note im Jahr 2009, die damals kaum einen Euro wert war.

Ein Brot konnte morgens eine Milliarde, abends drei Milliarden kosten. Kurz darauf wurde die Währung aufgegeben. Der US-Dollar wurde anschließend als Fremdwährung eingeführt. Heute ist der 100-Billionen-Dollar-Schein ein begehrtes Sammlerstück – und ein Symbol für eine der schlimmsten Wirtschaftskrisen Afrikas.

Äthiopien nutzt den äthiopischen Kalender, der aus 13 Monaten besteht: zwölf Monate mit je 30 Tagen und ein zusätzlicher Monat („Pagumē") mit fünf oder sechs Tagen. Das Jahr beginnt am 11. oder 12. September (nach gregorianischer Zeitrechnung). Der Kalender liegt sieben bis acht Jahre hinter dem gregorianischen, weshalb dort im Jahr 2025 das Jahr 2017/2018 gilt.

Auch die Uhrzeit funktioniert anders: Der Tag beginnt bei Sonnenaufgang, also etwa um 6 Uhr westlicher Zeit, was in Äthiopien als 0 Uhr gilt. Wenn es zum Beispiel bei uns 10 Uhr morgens ist, ist es dort 4 Uhr vormittags äthiopischer Zeit. Diese Zeit- und Kalenderlogik ist tief in der Kultur verankert und wird im Alltag aktiv verwendet – auch auf Uhren, Tickets und Schulplänen.

Bevölkerung

in Millionen

2000

- 9,76 TUNESIEN
- 28,42 MAROKKO
- ALGERIEN
- 5,31 LIBYEN
- ÄGYPTEN
- WESTSAHARA
- 9,97 SENEGAL
- 2,61 MAURETANIEN
- 11,56 MALI
- 11,51 NIGER
- 8,51 TSCHAD
- 27,82 SUDAN
- 2,25 ERITREA
- 0,75 DSCHIBUTI
- 0,45 CABO VERDE
- 1,46 GAMBIA
- 11,93 BURKINA FASO
- 126,38 NIGERIA
- ÄTHIOPIEN
- 8,43 GUINEA
- 1,23 GUINEA-BISSAU
- 19,64 GHANA
- 14,91 KAMERUN
- ZENTRALAFRIKANISCHE REPUBLIK 3,83
- 8,84 SOMALIA
- 4,42 SIERRA LEONE
- 17,7 CÔTE D'IVOIRE
- 5,41 TOGO
- 7,22 BENIN
- 24 UGANDA
- KENIA
- 8,21 RUANDA
- 2,93 LIBERIA
- 0,14 SÃO TOMÉ UND PRÍNCIPE
- GABUN 1,28
- DEMOKRATISCHE REPUBLIK KONGO
- 6,47 BURUNDI
- 0,08 SEYCHELLEN
- ÄQUATORIALGUINEA 0,7
- TANSANIA
- 0,54 KOMOREN
- 3,15 REPUBLIK KONGO
- ANGOLA 16,19
- 10,02 SAMBIA
- MOSAMBIK 18,13
- 1,19 MAURITIUS
- MADAGASKAR 16,52
- NAMIBIA 1,82
- 1,68 BOTSUANA
- SIMBABWE 11,89
- 11,32 MALAWI
- 47,16 SÜDAFRIKA
- 1,04 ESWATINI
- 2 LESOTHO

Legende

- unter 1
- über 10
- über 30
- über 100
- keine Daten

2024

- 12
- 38
- 46
- 7,3
- 115
- 5
- 26
- 19
- 50
- 3,5
- 18
- 2,7
- 24
- 23
- 228
- 1,2
- 2,2
- 14
- 9,3
- 5,2
- 71
- 129
- 8,5
- 5,5
- 31
- 34
- 28
- 55
- 18
- 1,9
- 0,23
- 2,5
- 6,2
- 106
- 67
- 0,12
- 37
- 21
- 0,85
- 16
- 34
- 2,5
- 31
- 3
- 1,2
- 63
- 2,3

46

KATAPULT

Bruttoinlandsprodukt pro Kopf

in US-Dollar

2000

2.322,3
1.486,9
1.974,8
7.625
1.636,8
673,4
263,6
197,3
224,1
238,5
1.088,2
1.689,5
614
766,2
422,3
327,9
461,8
249,2
136,1
326,8
303,1
913,5
628,9
554,6
402,2
503,2
226,4
550,5
660,4
355,5
617,1
1.886
4.477,3
1.156,4
226,1
7.578,8
397
130,2
380,1
771,4
352,7
632,8
364
969,8
334,8
307,3
4.157,8
2.191,8
3.290,4
1.818,7
493,3
3.382,1

unter 1.000
über 1.000
über 2.000
über 7.000
keine Daten

2024

4.301,6
4.157,1
5.681,6
6.098,4
114,54
2.362,1
945,6
707,5
1.034,8
575,3
4.081,6
5.328,7
1.762,6
939,2
1.670,7
1.005,5
824
531,1
1.320,2
1.104,3
853
2.723,2
1.800,3
735,4
866,5
1.052,4
7.888,2
2.405,8
1.507,2
3.357,4
2.360,4
1.210,8
2.305,3
9.202
1.028,5
354,8
688,1
1.229
21.531,9
3.357,4
504,5
1.636,9
1.245,6
629,5
569,4
2.072,9
11.882,6
4.471,8
7.117,1
4.420,8
6.331,9
1.067,1

Die Seychellen und Mauritius
haben ein 7,5- bzw. 4-fach
höheres BIP pro Kopf als der
afrikanische Durchschnitt.

FRAGMENTE

„Ja, ich würde für mein Land kämpfen"

Ja-Antworten zur Kampfbereitschaft in Prozent,
jeweils neueste Daten je Zeitraum

Woher kommen die Daten?
Aus dem weltweiten *World Values Survey* und der *European Value Study*, die regelmäßig in vielen Ländern stattfinden.

bis 35 · bis 40 · bis 45 · bis 50 · bis 55 · bis 60 · bis 65 · bis 70 · bis 75 · bis 80 · bis 85 · bis 90 · über 90 · keine Daten

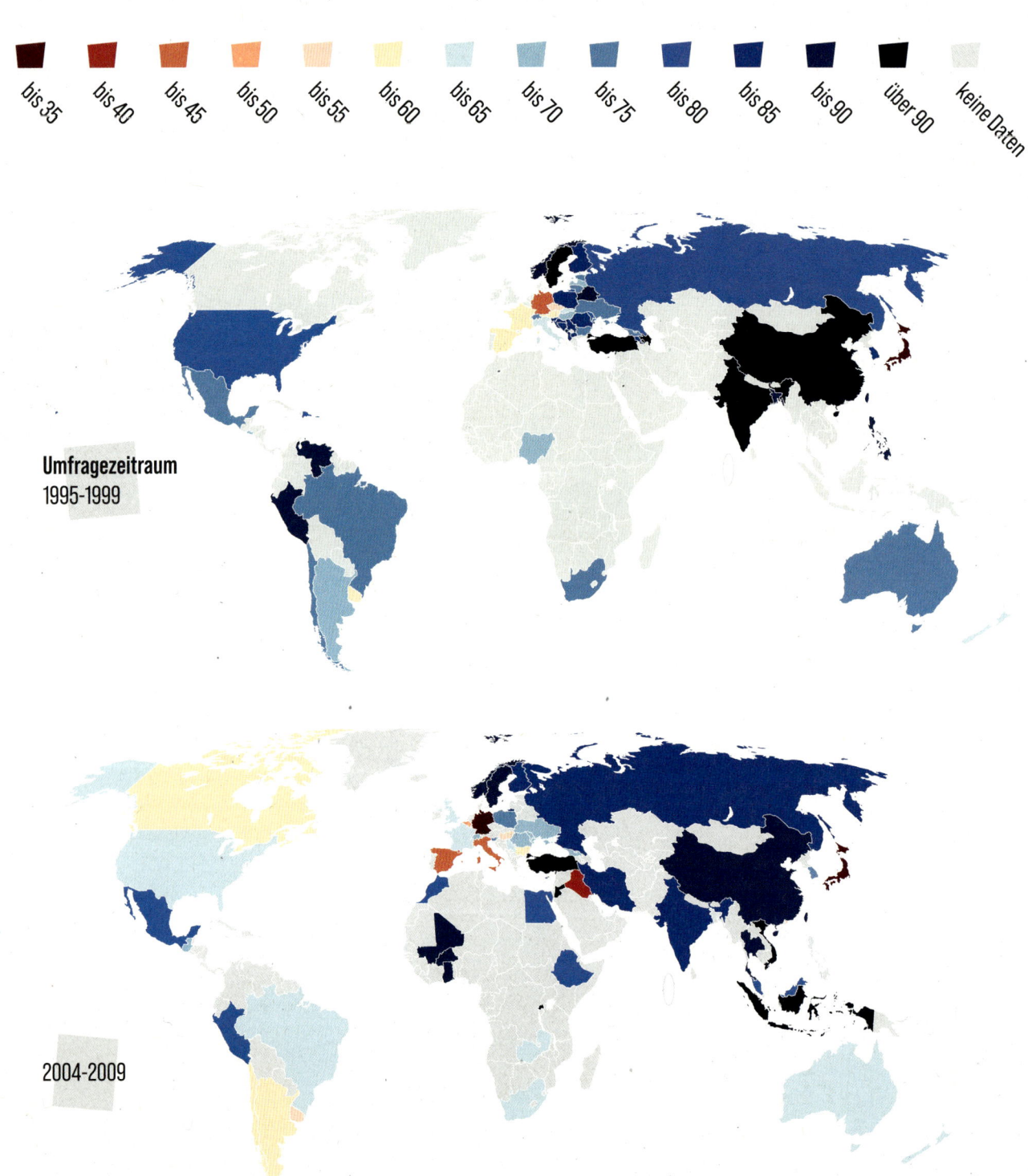

Umfragezeitraum
1995-1999

2004-2009

Kampfbereitschaft nimmt weltweit zu

Nach dem Zweiten Weltkrieg verschwand mit steigendem Wohlstand die Angst ums Überleben – und das Militär verlor seine Anziehungskraft als Ort für Heldengeschichten und Aufopferung. Weltweit ist die Bereitschaft, für das eigene Land zu kämpfen, seit den Achtzigerjahren zurückgegangen, nimmt aber seit den 2000er-Jahren wieder zu. Das zeigt eine Studie, in der die Kampfbereitschaft der Bürger in über 100 Ländern zwischen 1981 und 2022 untersucht

wurde. In Deutschland ist sie seit 2006 stark gestiegen – und liegt nun auf dem Niveau der meisten westlichen Staaten.

Die beteiligten Politikwissenschaftler stellen fest, dass Menschen in konfliktreichen Regionen dazu neigen, Krieg als unvermeidlich anzusehen – als Teil der Welt. In wohlhabenden und stabilen Ländern dagegen wandelt sich diese Haltung. Länder mit Wehrpflicht zeigen eine höhere Kriegsbereitschaft, aber auch die nordischen Länder oder China. Jedoch antworten die Leute in Autokratien bei Umfragen vermutlich eher so, wie sich das Regime das wünscht. Durch Interviews mit Studierenden fanden die Forscher heraus, dass jene vor allem im Verteidigungsfall kämpfen würden, und zwar weniger aus patriotischen Gründen, sondern um demokratische Werte und Freiheiten zu verteidigen. Die Forscher kommen zu dem Schluss, dass echter Pazifismus selten ist. ♦

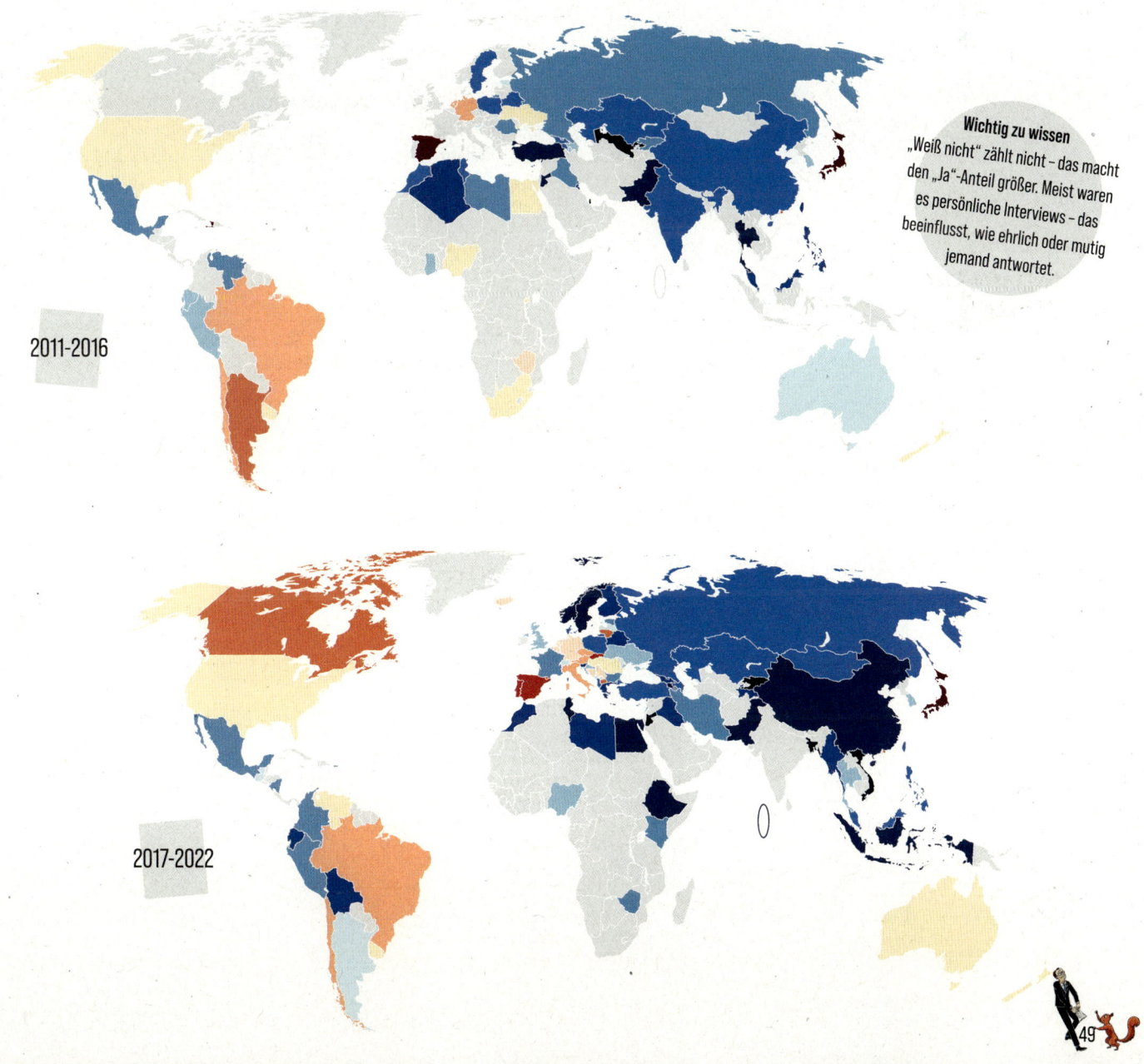

Wichtig zu wissen
„Weiß nicht" zählt nicht – das macht den „Ja"-Anteil größer. Meist waren es persönliche Interviews – das beeinflusst, wie ehrlich oder mutig jemand antwortet.

2011-2016

2017-2022

FRAGMENTE

Waldfläche in der EU

Anteil des Waldes an der Staatsfläche, in Prozent

ENTWALDUNGSFREIE LIEFERKETTEN

Waldschutz mit Ausnahmen

Für den Konsum von landwirtschaftlichen Erzeugnissen in Europa werden anderswo Wälder zerstört. Entwaldungsfreie Lieferketten sollen ein Schritt hin zu einer nachhaltigeren Landwirtschaft sein. Unternehmen müssen demnächst strenge Sorgfaltspflichten erfüllen, um sicherzustellen, dass für die Herstellung ihrer Produkte keine Wälder vernichtet wurden.

Ab dem 30. Dezember 2025 (große und mittlere Unternehmen) beziehungsweise dem 30. Juni 2026 (Kleinst- und Kleinunternehmen) dürfen daher nur noch Produkte in die Europäische Union eingeführt werden, die nachweislich nicht mit Entwaldung oder Waldschädigung in Verbindung stehen. So sieht es eine EU-Verordnung über entwaldungsfreie Lieferketten vor, die 2023 in Kraft getreten ist.

Die Einstufung der Herkunftsländer in Risikokategorien – gering, mittel oder hoch – bestimmt dabei den Umfang der Kontrollen. Doch die aktuelle Einstufung durch die EU-Kommission sorgt für Kritik: Nur vier Staaten, darunter Belarus und Nordkorea, gelten als Hochrisikoländer. Ländern mit bekanntermaßen starker Entwaldung wie Brasilien, Bolivien oder der Demokratischen Republik Kongo dagegen wurde ein mittlerer Risikostatus verliehen. Sämtliche EU-Staaten gelten als Niedrigrisikoländer. Dabei war die EU im Jahr 2017 – bis

46

40

37

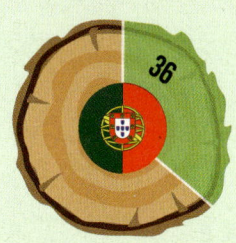
36

35

34

34

34

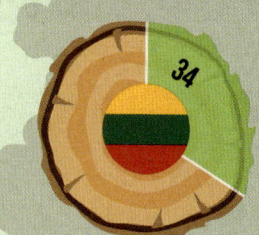
34

32

hierhin liegen umfassende Daten vor – für 16 Prozent der weltweiten Waldzerstörung verantwortlich und lag damit auf dem zweiten Platz vor Indien mit neun und den USA mit sieben Prozent. Nur China lag mit 24 Prozent noch vor der EU.

Zudem hat die neue Bundesregierung im Koalitionsvertrag angekündigt, sich für eine zusätzliche „Nullrisiko"-Kategorie einzusetzen. Greenpeace-Waldexperte Harald Gross warnt jedoch, dass die Einführung dieser Kategorie das Gesetz erheblich schwächen und ein Schlupfloch schaffen würde. Die EU kontrolliere nur dort streng, „wo das für sie keine negativen wirtschaftlichen Folgen hat, beziehungsweise wo es gar nichts zu kontrollieren gibt". Laut Gross würden vor allem jene Länder als Hochrisikoländer eingestuft, mit denen ohnehin kaum gehandelt werde.

Besonders bedenklich: Die Einstufung von Ländern als mit „geringem Risiko" beruht ausschließlich auf der vollständigen Abholzung von Wäldern. Walddegradierung – wie beispielsweise die Umwandlung von natürlichen Wäldern in Baumplantagen – bleibt hingegen unberücksichtigt.

Die aktuellen Schlupflöcher könnten dazu führen, dass die EU ihren eigenen Standards nicht gerecht wird. Dabei ist wirksamer Waldschutz wichtiger denn je. Die Ernährungs- und Landwirtschaftsorganisation der Vereinten Nationen schätzt, dass bis Mitte 2025 weltweit rund 460 Millionen Hektar Wald verloren gegangen sind. Zum Vergleich: Die Fläche der Europäischen Union umfasst gut 420 Millionen Hektar. Außerdem schwindet der Wald jedes Jahr um weitere zehn Millionen Hektar. Die Hauptursache: nichtnachhaltige Landwirtschaft. Sie ist für rund 90 Prozent der globalen Entwaldung verantwortlich. ♣

29

30

30

32

32

Was wird jetzt aus Syrien?

Der Sturz der Diktatur in Syrien Ende 2024 kam für viele überraschend. Ein halbes Jahr später ist die Ernüchterung groß: Auch die neue Führung setzt auf autoritäre Strukturen. Die syrische Zivilgesellschaft gibt jedoch Anlass zur Hoffnung.

VON **ANDRÉ BANK**

(1) Relief Web (Hg.): The Whole of Syria Flash Update No. 4 – Recent Developments in Syria (As of 10 December 2024), auf: reliefweb.int (10.12.2024).

(2) Fabian, Emanuel: In historic campaign across Syria, IDF says it destroyed 80% of Assad regime's military, auf: timesofisrael. com (10.12.2024) / Forey, Samuel; Sallon, Hélène: Syrian military's arsenal destroyed by Israeli bombardments, auf: lemonde. fr (16.12.2024).

(3) Slayton, Nicholas: US military to pull more than 1,000 troops out of Syria, auf: taskandpurpose. com (19.4.2025).

(4) Drevon, Jerome: Syria's Uncertain New Order. Can Shara's Government Unite a Country Ready to Explode?, auf: foreignaffairs.com (11.4.2025) / Syrian Network For Human Rights (Hg.): 803 Individuals Extrajudicially Killed Between March 6-10, 2025, auf: snhr.org (11.3.2025).

Der 8. Mai 2025 stellte nicht nur in Deutschland einen wichtigen Feiertag dar. Während hierzulande des 80. Jahrestages des Weltkriegsendes und der Befreiung von der totalitären Naziherrschaft gedacht wurde, zelebrierten viele Syrerinnen und Syrer das erste halbe Jahr nach dem Sturz der Diktatur von Präsident Baschar al-Assad. Die Hoffnung auf eine bessere Zukunft für Syrien wird für viele jedoch getrübt von existenziellen Sorgen aufgrund der weiterhin prekären politischen und wirtschaftlichen Lage im Land.

Fortwährende Gewalt

Die erste, grundlegende Herausforderung für einen friedlichen Übergangsprozess, der alle Syrerinnen und Syrer einschließt, stellt die fortwährende Gewalt in verschiedenen Landesteilen dar. Denn die Hoffnung vieler Menschen, dass mit dem Ende des jahrzehntelang herrschenden, brutalen Assad-Regimes auch der seit 2011 andauernde Bürgerkrieg endet, hat sich nicht erfüllt. Zwar gelang es der Übergangsregierung unter Führung der islamistischen Hai'at Tahrir asch-Scham (arabisch: Komitee zur Befreiung Großsyriens, HTS) zunächst, die ehemaligen Regimegebiete in Zentral- und Westsyrien zu beruhigen. In anderen Landesteilen ist jedoch die Gewalt unmittelbar mit dem Regimewechsel eskaliert: So gab es seit Dezember Kämpfe zwischen der türkischen Armee und der mit ihr verbundenen Syrischen Nationalarmee (SNA) gegen die kurdisch geprägten Syrisch-Demokratischen Kräfte (SDF), etwa im nordsyrischen Manbidsch oder in Kobani. Dabei kamen Hunderte Menschen ums Leben, ungefähr

100.000 Syrerinnen und Syrer wurden innerhalb des Landes vertrieben. Erst im April konnte die Lage beruhigt, wenn auch nicht nachhaltig befriedet werden.[1]

Nach dem Regimewechsel in Damaskus am 8. Dezember 2024 zerstörten die israelische Luftwaffe und Marine mit massiven Angriffen innerhalb weniger Tage rund 80 Prozent des noch vorhandenen syrischen Armeematerials.[2] Zudem hat das israelische Militär seine Besatzung völkerrechtswidrig auf die östlich der Golanhöhen gelegene, von den Vereinten Nationen kontrollierte Pufferzone ausgedehnt und auch den nördlich des Golan gelegenen Berg Hermon

> **Nach dem Regimewechsel zerstörte Israel rund 80 Prozent des noch vorhandenen syrischen Armeematerials**

Gebietskontrolle in Syrien

Stand 14.5.2025

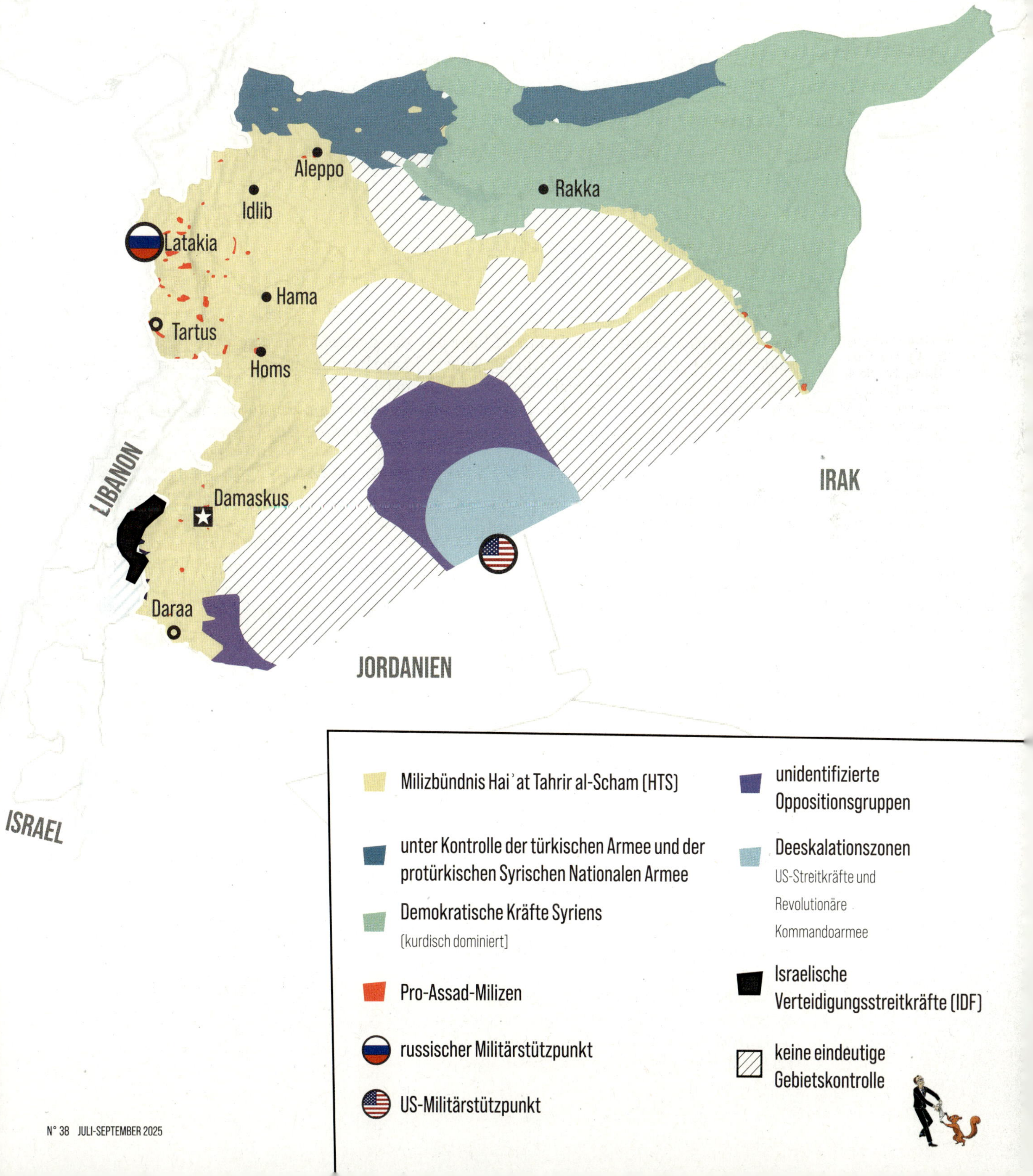

TÜRKEI

ISRAEL

LIBANON

IRAK

JORDANIEN

Aleppo

Idlib

Latakia

Hama

Tartus

Homs

Rakka

Damaskus

Daraa

Legende

Milizbündnis Hai'at Tahrir al-Scham (HTS)	unidentifizierte Oppositionsgruppen
unter Kontrolle der türkischen Armee und der protürkischen Syrischen Nationalen Armee	Deeskalationszonen US-Streitkräfte und Revolutionäre Kommandoarmee
Demokratische Kräfte Syriens [kurdisch dominiert]	
Pro-Assad-Milizen	Israelische Verteidigungsstreitkräfte (IDF)
russischer Militärstützpunkt	keine eindeutige Gebietskontrolle
US-Militärstützpunkt	

Wo leben Geflüchtete aus Syrien?

Top 20 Aufnahmeländer, 2024

3 Mio.

1 Mio.

300.000

100.000

10.000

Anzahl Geflüchteter

besetzt. Im Osten Syrien hat der sogenannte Islamische Staat (IS) seine Angriffe gegen die SDF sowie die rund 2.000 verbliebenen US-Soldaten verstärkt, was zu massiven Gegenangriffen geführt hat. Mitte April kündigten die USA an, ihre Truppenstärke in Syrien auf unter 1.000 halbieren zu wollen[3] – und in der Trump-Regierung wird ein vollständiger Rückzug diskutiert.

Am 6. März 2025 kam es im Westen Syriens zu einem Angriff von untergetauchten Assad-Unterstützern auf mit der Übergangsregierung verbundene Sicherheitskräfte, die in der Folge ein Massaker mit über tausend Toten an der vor allem alawitischen Zivilbevölkerung verübten.[4] Am 28. April eskalierte die Gewalt in den drusisch geprägten, am Rande von Damaskus gelegenen Orten Jaramana und Sahnaya sowie, etwas später, im südlichen, mehrheitlich drusischen Gouvernorat Suwaida. Bei den bis Anfang Mai andauernden Kämpfen zwischen Sicherheitskräften und lokalen Milizen starben rund hundert Menschen.[5]

Armut und fehlender Wirtschaftsaufbau

Zusätzlich zur fortwährenden, teils gar eskalierten Gewalt in Syrien stellt sich die wirtschaftliche Lage für die Mehrzahl der Syrerinnen und Syrer als äußerst schwierig und teils lebensbedrohlich dar. Dies ist die zweite, fundamentale Herausforderung für eine inklusive und nachhaltige Verbesserung der Lage im Land. Nach UN-Angaben leben in Syrien weiterhin 90 Prozent der Bevölkerung unter der Armutsgrenze.[6] In allen Landesteilen herrscht eine schlechte Versorgung mit Lebensmitteln; Wasser und Strom gibt es im Durchschnitt lediglich ein bis drei, in Ausnahmefällen vier bis sechs Stunden pro Tag.[7]

Das Land bleibt stark abhängig von externen Entwicklungs- und Wirtschaftshilfen: Bei der Brüsseler Hilfskonferenz im März hat die EU zwar 2,5 Milliarden Euro für dieses und kommendes Jahr versprochen.[8] Diese Summe steht jedoch im Gegensatz zu den etwa 800 Milliarden Euro, die die Vereinten Nationen für die wirtschaftliche Stabilisierung und den Wiederaufbau Syriens veranschlagen.[9] Gleichzeitig sind die Hilfszahlungen der US-Entwicklungshilfebehörde USAID, die rund ein Viertel der gesamten UN-Hilfen für Syrien ausmachten, seit Anfang 2025 weggefallen. Trotz einer moderaten Aufhebung der EU-Sanktionen für bestimmte Sektoren, wie Energie (unter anderem Öl, Gas, Elektrizität) und Transport, bestehen die umfassenderen US-Sanktionen für Syrien, die etwa Bankgeschäfte und Finanztransaktionen betreffen, weithin fort. Einen großen Hoffnungsschimmer stellt die überraschende Ankündigung von US-Präsident Donald Trump vom 13. Mai dar, die Sanktionen für Syrien komplett und vollständig aufzuheben.[10] Auch wenn die Nachricht von diesem Politikwechsel der USA, verbunden mit dem symbolisch wichtigen Treffen zwischen Trump, dem syrischen Übergangspräsidenten Ahmed asch-Scharaa und dem saudischen Kronprinzen Muhammad bin Salman in Riad am 14. Mai, bei vielen Syrerinnen und Syrern Jubel und Begeisterung auslöste,[11] so bleibt offen, wann die Sanktionen in verschiedenen Wirtschaftsbereichen konkret aufgehoben werden.

Politischer Übergang „von oben"

Die dritte Herausforderung für einen möglichst inklusiven – also viele gesellschaftliche Gruppen beteiligenden – politischen Übergang ist die Dynamik des Prozesses selbst. Die politische Transition wurde in den ersten sechs Monaten nach Assad eindeutig von der islamistischen HTS, der stärksten Rebellengruppe, kontrolliert. Unter Führung von HTS-Chef asch-Scharaa, der seinen Kampfnamen Abu Muhammad al-Dschaulani mit der Machtübernahme in Damaskus abgelegt hat und seit Januar Interimspräsident ist, war die erste Übergangsregierung von Dezember 2024 bis März 2025 im Grunde die gesamtsyrische Version der vorherigen, sogenannten HTS-Erweckungsregierung im nordwestlichen Idlib. Mit der zweiten Übergangsregierung vom 29. März, deren Mandat für fünf Jahre läuft, besteht die Dominanz eines sunnitisch-islamistischen

> In allen Landesteilen herrscht eine schlechte Versorgung mit Lebensmitteln. Wasser und Strom gibt es nur für wenige Stunden pro Tag

(5) Lucente, Adam: Syria Druze leader decries ‚genocidal attack' as clashes leave 101 dead, auf: al-monitor.com (1.5.2025).

(6) Vereinte Nationen (Hg.): 2024 Country Results Report, auf: syria.un.org (27.3.2025).

(7) Bilanceri, Serena: Mit Taschenlampen durchs neue Syrien, auf: taz.de (18.4.2025).

(8) Europäisches Amt für humanitäre Hilfe und Katastrophenschutz (Hg.): EU pledges €2.5 billion to support Syria and the region, auf: civil-protection-humanitarian-aid.ec.europa.eu (17.3.2025).

(9) Entwicklungsprogramm der Vereinten Nationen (Hg.): The Impact of the Conflict in Syria. A Devastated Economy, Pervasive Poverty, and a Challenging Road Ahead to Social and Economic Recovery, S. 18, auf: undp.org (24.2.2025).

(10) Slattery, Gram u.a.: Trump to remove US sanctions on Syria in major policy shift, auf: reuters.com (14.5.2025).

(11) Bilanceri, Serena: Jubel und Verwunderung in Damaskus, auf: taz.de (14.5.2025).

Nach Syrien zurückgekehrte Geflüchtete

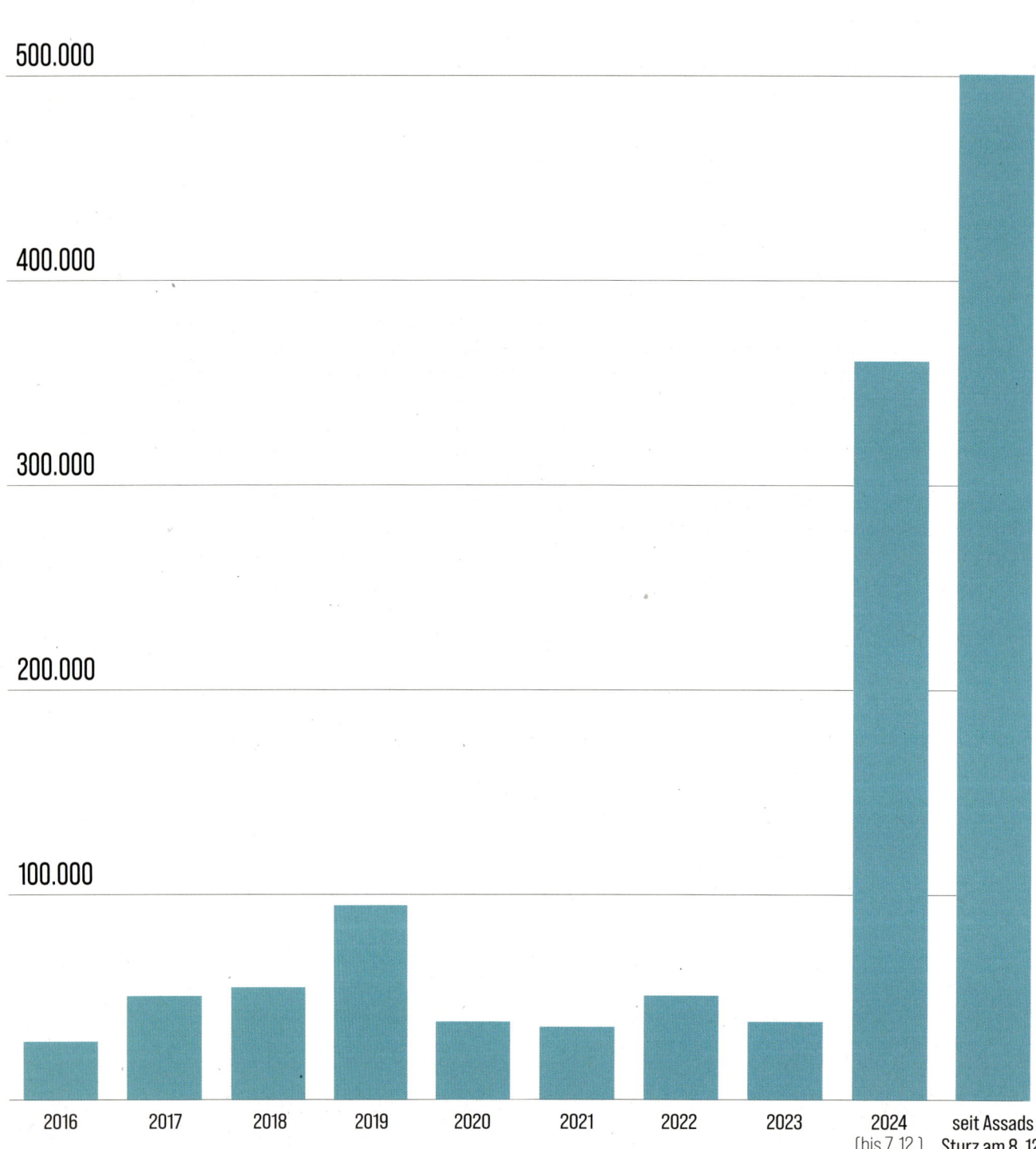

								2024	seit Assads
2016	2017	2018	2019	2020	2021	2022	2023	(bis 7. 12.)	Sturz am 8. 12. (bis 15. 5.)

Kabinetts fort. Unter den 23 Ministerinnen und Ministern finden sich jedoch auch eine Christin, ein Alawit, ein Kurde und ein Druse, was eine gewisse Einbeziehung religiös-ethnischer Minderheiten suggeriert. Zudem greift Präsident asch-Scharaa auch auf einige technokratische Minister aus der Assad-Zeit zurück.

Trotz Äußerungen der Regierung hinsichtlich einer breiten Beteiligung fast aller gesellschaftlichen Gruppen am Aufbau von Institutionen, deuten die Personalentscheidungen und vor allem die fast omnipräsente Rolle asch-Scharaas auf die Errichtung eines präsidentiell-autoritären Regimes in Syrien hin. Kurz- bis mittelfristig dürfte die syrische Übergangsregierung nicht nur wegen ihrer deutlich geringeren staatlichen Kapazitäten, unter anderem im Sicherheitsbereich, klar weniger repressiv und brutal als das Assad-Regime sein. Außenpolitisch vertritt die Interimsregierung eine „Keine Feinde"-Haltung; für eine aus dem radikal-islamistischen Spektrum kommende Bewegung ist insbesondere die weitgehend ausbleibende öffentliche Kritik an Israel und dessen Vorgehen in Syrien wie im Gazastreifen, aber auch die fehlende Kritik an der US-Regierung unter Trump hervorzuheben. Sie erklärt sich weithin aus der fast vollständigen Abhängigkeit von äußeren Akteuren.

Syrische Zivilgesellschaft als Chance

Die Herausforderungen für einen inklusiven Übergang in Syrien sind immens: Sechs Monate nach dem Sturz Assad gibt es fortwährende Gewalt in verschiedenen Landesteilen, Israel und die Türkei halten größere Gebiete militärisch besetzt. Die wirtschaftliche Lage ist mit Armut und bislang fehlendem Wiederaufbau weiterhin äußerst prekär. Trumps überraschende Ankündigung, die US-Sanktionen zu beenden, könnte im Verbund mit weiteren Sanktionsaufhebungen der EU eine zentrale Vorbedingung für dringend benötigte internationale Hilfe, externe Investitionen und Finanzgeschäfte sein. Der politische Übergangsprozess nach Assad beteiligte zwar punktuell und diskursiv verschiedene gesellschaftliche Gruppen, in seinem Kern ist er aber „von oben", autoritär-präsidentiell strukturiert.

Diesen großen Herausforderungen stehen jedoch auch einige wichtige Chancen für eine inklusive Transition gegenüber. Getragen werden die Hoffnungen vor allem von der antiautoritär ausgerichteten syrischen Zivilgesellschaft, sowohl im Land selbst als auch in der Diaspora. Zwar war der Aufstand gegen das Assad-Regime, der am 8. Dezember 2024 zum Sturz des langjährigen Dikta-

> Gerade die syrische Diaspora, die im Nahen Osten und in Europa lebt, ist oft gut ausgebildet und eng miteinander vernetzt

tors führte, militärisch von der HTS und anderen Rebellengruppen dominiert. Gesellschaftlich war er aber sehr breit getragen, auch von vielen syrischen Minderheitengruppen. Trotz des steinigen Übergangsprozesses will die absolute Mehrheit der Syrerinnen und Syrer, auch unter den alawitischen und christlichen Gemeinschaften, weiter keine Rückkehr zur Assad-Herrschaft. Daneben ist gerade die syrische Diaspora, die im Nahen Osten, in Jordanien, im Libanon oder der Türkei, und in Europa, auch in Deutschland, lebt, oft gut ausgebildet und eng miteinander vernetzt. Über Jahre hat sie an den Plänen einer alternativen, inklusiven politischen Zukunft Syriens gearbeitet. Sollte sich die Lage vor Ort im Hinblick auf Gewaltminderung, wirtschaftlichem Wiederaufbau und politische Beteiligungsmöglichkeiten verbessern, so könnte sie der entscheidende Träger einer inklusiven, sogar demokratischen Entwicklung werden. ❦

DR. ANDRÉ BANK
German Institute for Global and Area Studies

FORSCHUNGSSCHWERPUNKTE
Naher Osten, vor allem Syrien und Jordanien

Die **ärmsten** und die **hilfsbereitesten** Länder der Welt

Die Rangliste der ärmsten Länder ergibt sich aus dem BIP pro Kopf (kaufkraftbereinigt)

3 Zentralafrikanische Republik

1 Südsudan

2 Burundi

6 **10** Niger

5 Mosambik

4 Demokratische Republik Kongo

9 Madagaskar

10 Jemen

Am anderen Ende des Spektrums: Die Schweiz ist das einzige Land, das sowohl zu den zehn reichsten Staaten gehört als auch zu den zehn Staaten mit der geringsten Hilfsbereitschaft gegenüber Fremden.

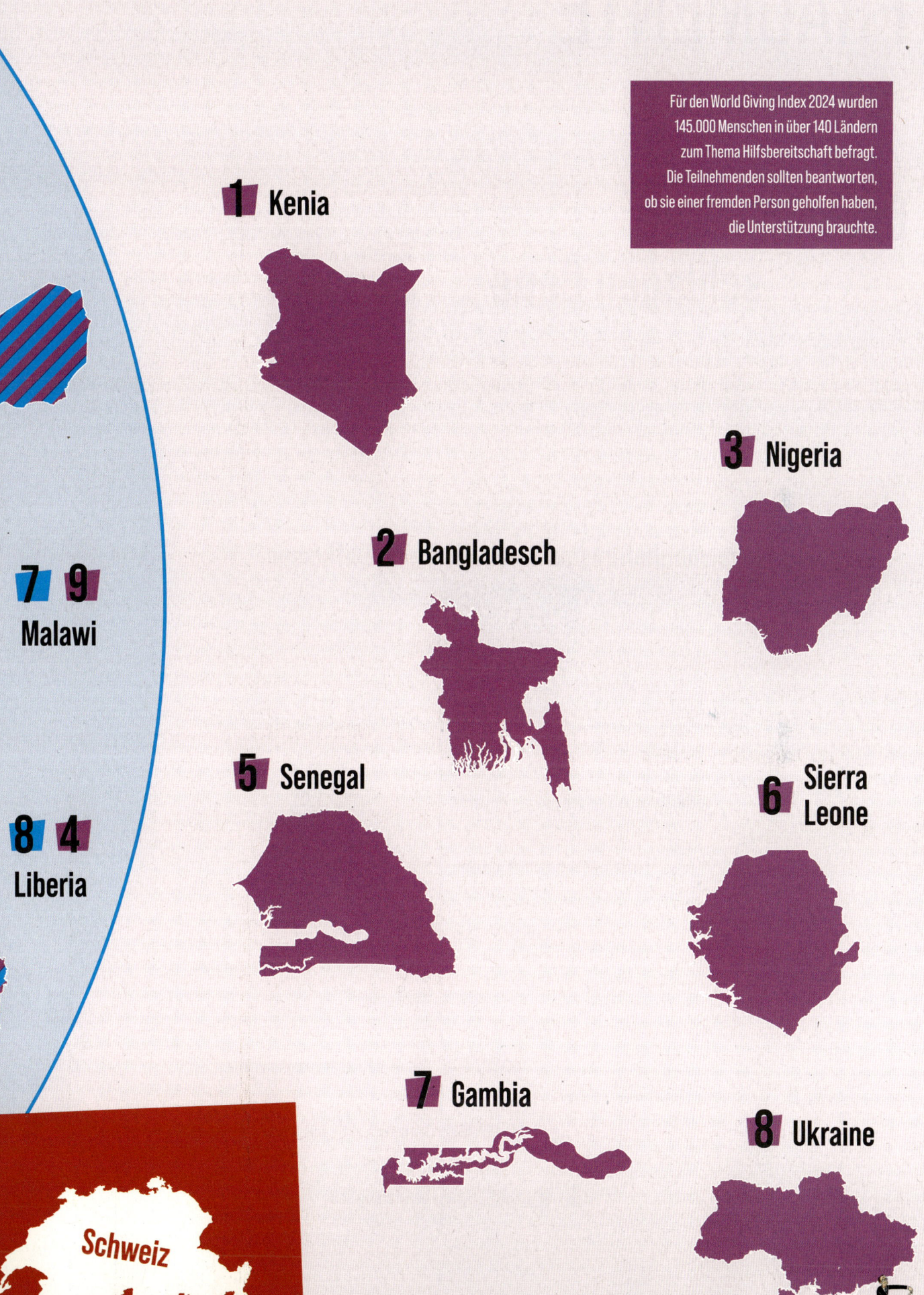

1 Kenia

3 Nigeria

2 Bangladesch

7 **9** Malawi

8 **4** Liberia

5 Senegal

6 Sierra Leone

7 Gambia

8 Ukraine

Schweiz

FRAGMENTE

Gewohnheiten schlagen Gene

Warum manche Menschen früher sterben als andere, ist nur zum Teil in ihrer DNA verankert. Eine neue Studie zeigt: Viel entscheidender ist das Umfeld. Wer arbeitslos ist, raucht, ständig müde ist, sich kaum bewegt oder in der Kindheit übergewichtig war, hat ein deutlich höheres Risiko, früh zu sterben.

Klingt erst mal logisch. Doch die Studie birgt auch Überraschungen: Nicht nur zu wenig Schlaf erhöht das Sterberisiko – auch zu viel davon. Wer mehr als neun Stunden pro Tag schläft, lebt gefährlicher als Menschen, die weniger als sieben Stunden schlafen.

Insgesamt fanden die Forschenden 25 solcher Risikofaktoren, die gemeinsam weit mehr Einfluss auf das Sterbealter haben als die genetische Veranlagung. 23 dieser Faktoren sind veränderbar – und damit Ansatzpunkte für Prävention. Vor einem verfrühten Tod schützen laut Studie vor allem: ein hohes Einkommen, ein fester Job, regelmäßige Bewegung und das Zusammenleben mit dem Partner. Die größten Risikofaktoren sind dagegen: Rauchen, das Wohnen in Sozialwohnungen und chronischer Schlafmangel. ⚑

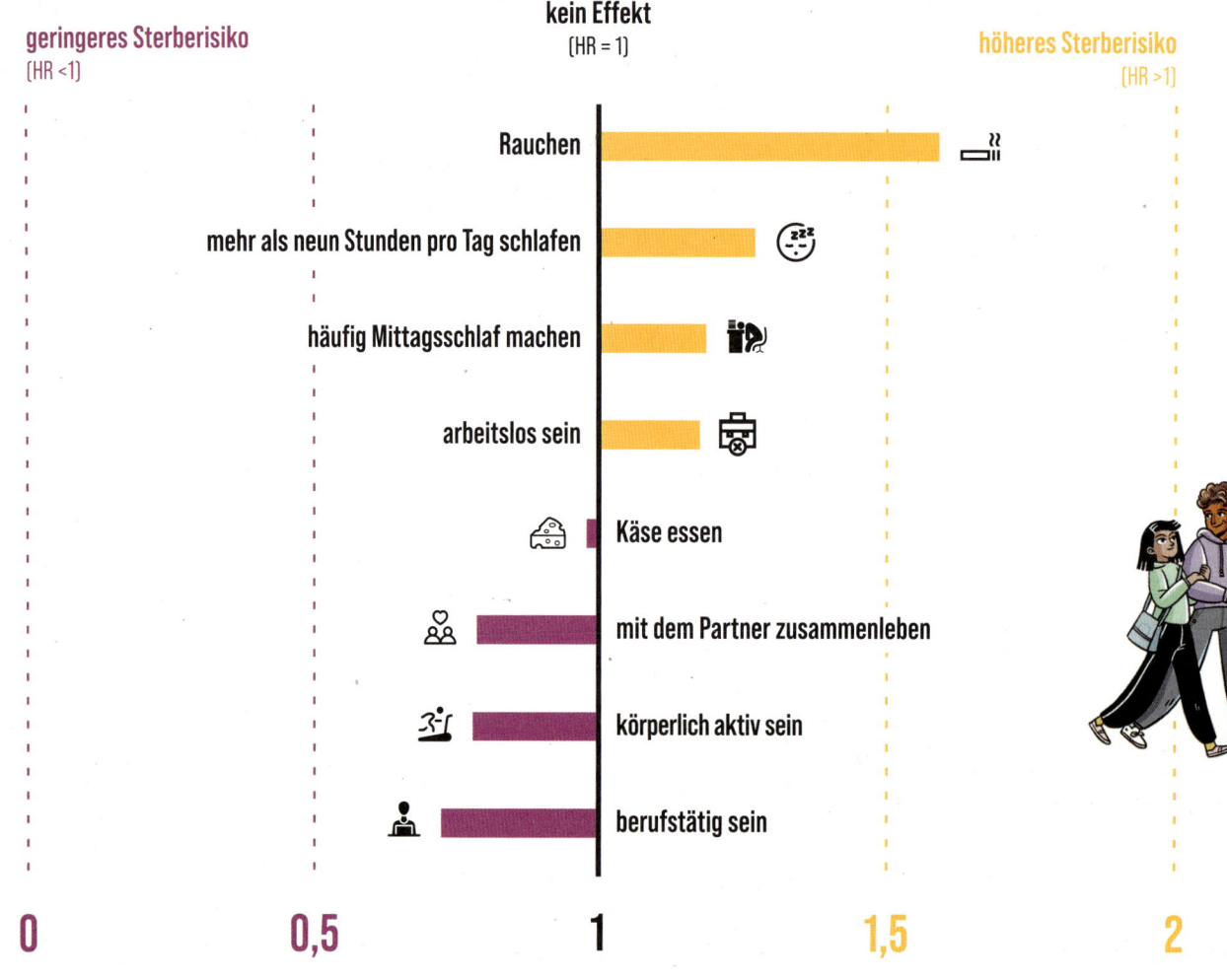

Wie tägliche Gewohnheiten das Sterberisiko beeinflussen
Gefährdungsrate (Hazard Ratio) ausgewählter Verhaltensweisen

geringeres Sterberisiko (HR <1)

kein Effekt (HR = 1)

höheres Sterberisiko (HR >1)

- Rauchen
- mehr als neun Stunden pro Tag schlafen
- häufig Mittagsschlaf machen
- arbeitslos sein
- Käse essen
- mit dem Partner zusammenleben
- körperlich aktiv sein
- berufstätig sein

0   0,5   1   1,5   2

Rechtsruck bei ChatGPT

Bei KI funktioniert Psychotherapie

Der beliebte Chatbot ChatGPT wird mit der Zeit immer rechter – zu diesem überraschenden Ergebnis kommen chinesische Sozialwissenschaftler, die die politischen Positionen der künstlichen Intelligenz über mehrere Monate untersucht haben. Die stärkste Rechtsverschiebung zeigte das Sprachmodell in der Version 3.5. Die aktuelle Variante GPT-4 blieb insgesamt ideologisch stabiler, aber auch hier war eine leichte Rechtsdrift zu beobachten.

Die Forschenden analysierten verschiedene GPT-Versionen danach, wo auf der politischen Landkarte das Modell landete. Dazu stellten sie den beiden KI-Modellen mehrere Fragen, um herauszufinden, ob es in wirtschaftlicher Hinsicht eher links oder rechts und in gesellschaftlichen Fragen eher autoritär oder liberal antwortete.

Und in der Tat driftete die KI im Zeitverlauf in ihren ökonomischen und sozialen Positionen nach rechts. Die Forscher sehen darin eine Gefahr, da KI-Antworten die politische Meinung der Nutzer beeinflussen können, die das jedoch in den meisten Fällen gar nicht bemerken. Die Forschenden fordern deshalb, KI-Systeme regelmäßig zu testen und zu beobachten – und wünschen sich zu diesem Zweck mehr Zusammenarbeit zwischen Entwicklern, Politik und Wissenschaft, um zu gewährleisten, dass die künstliche Intelligenz ein Werkzeug „im Dienste des Guten" bleibt. ⚑

Systeme wie ChatGPT zeigen bei bedrohlichen Inhalten eine „Angstreaktion" und lassen sich durch psychotherapeutische Maßnahmen wieder „beruhigen". Das zeigt eine Studie der Universitäten Zürich und Yale, bei der Wissenschaftler:innen mithilfe eines Fragebogens die „Emotionen" der Sprach-KI erfassten. Hierzu sollte die KI auf einer Skala von eins bis vier angeben, wie stark sie Aussagen wie zum Beispiel „Ich bin angespannt" oder „Ich bin besorgt" zustimmt. Der Wert eins bedeutete „gar nicht", der Wert vier „sehr stark". Niedrige Werte deuteten also auf ein geringes Angstniveau hin, während hohe Werte starke Angst ausdrückten. Natürlich handelte es sich nicht um echte Emotionen, sondern um antrainierte menschliche Reaktionen der KI auf emotionale Fragen. Auf belastende Geschichten, wie zum Beispiel Autounfälle, Naturkatastrophen oder Kampfsituationen, reagierte die KI mit erhöhten „Angstwerten". Bei einem neutralen Text hingegen gab es keine „emotionale" Reaktion seitens des Chatbots. Das Interessante: Wenn die Forschenden der KI im Anschluss an die belastenden Inhalte beruhigende Texte vorlegten – angelehnt an therapeutisch bewährte Methoden –, sank der gemessene „Angstwert" wieder deutlich. ⚑

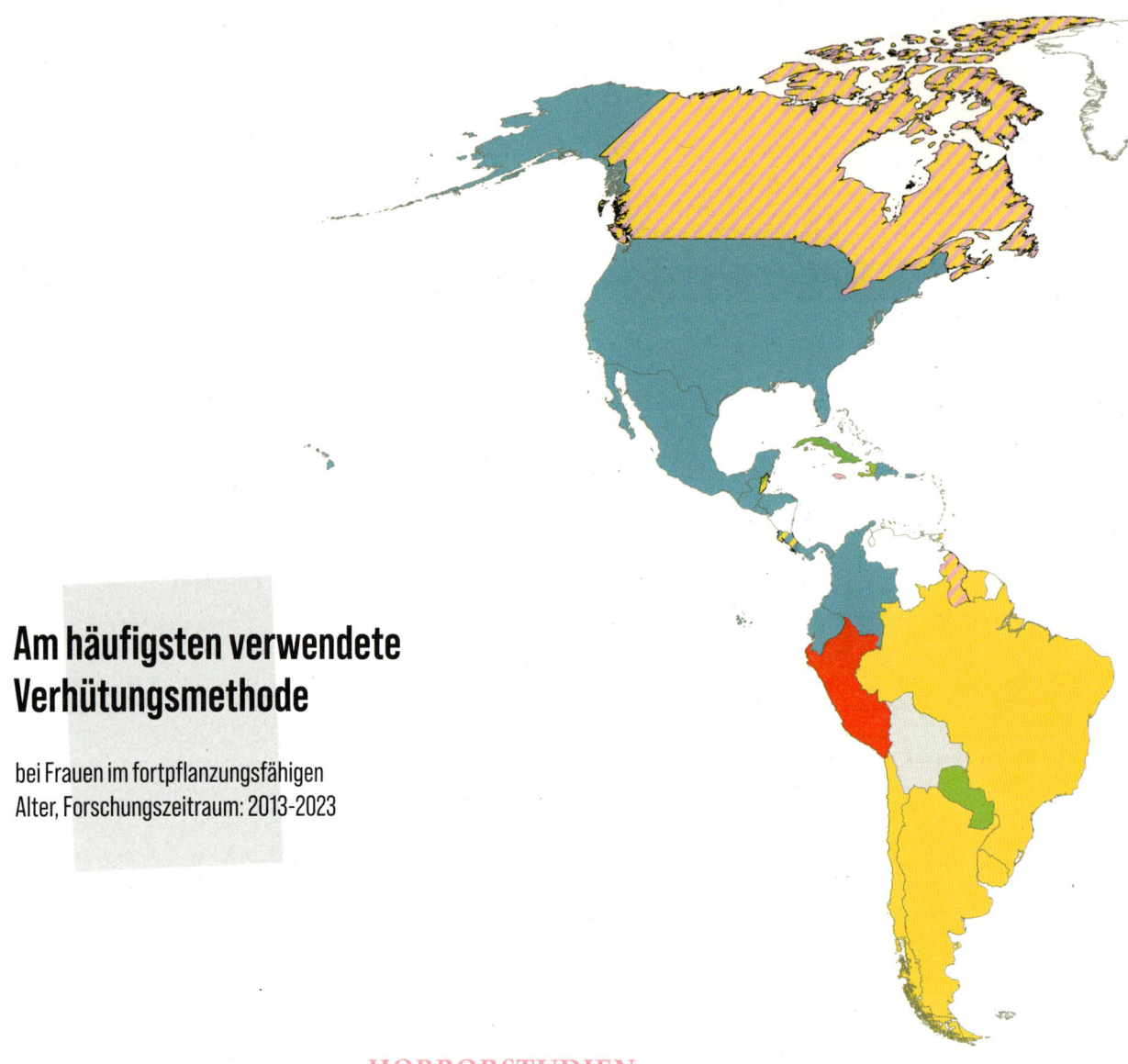

HORRORSTUDIEN

Die vergessenen Frauen von Puerto Rico

Im Sommer 1955 beginnt in Puerto Rico eines der umstrittensten medizinischen Experimente des 20. Jahrhunderts – die erste großangelegte klinische Studie zur Antibabypille. Mehr als 1.500 Frauen werden über Jahre hinweg mit einem neuartigen Hormonpräparat behandelt, das bis zu dem Zeitpunkt vor allem an Tieren getestet worden ist. Drei von ihnen sterben. Eine Untersuchung der Todesursachen findet nicht statt. Die Pille, heute als Symbol sexueller Selbstbestimmung gefeiert, begann mit einem Kapitel systematischer Fremdbestimmung.

VON **STEFFI MALLEIER**

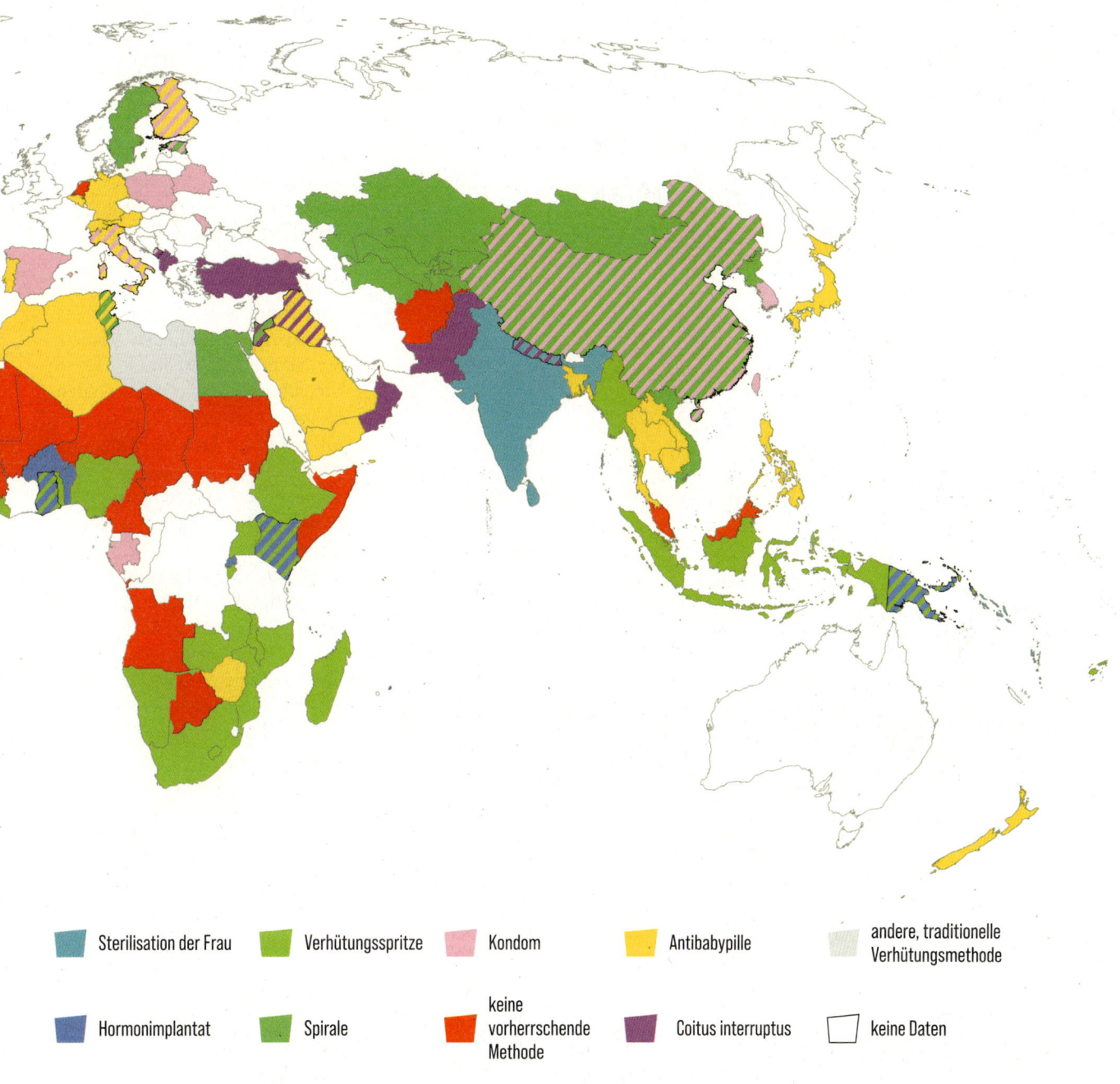

▮ Sterilisation der Frau	▮ Verhütungsspritze	▮ Kondom	▮ Antibabypille	▨ andere, traditionelle Verhütungsmethode	
▮ Hormonimplantat	▮ Spirale	▮ keine vorherrschende Methode	▮ Coitus interruptus	▢ keine Daten	

Als der Biologe Gregory Pincus 1955 nach Puerto Rico reist, findet er in dem Außengebiet der USA die perfekten Bedingungen für seine geplanten Experimente. Die Insel ist eines der am dichtesten besiedelten Gebiete der Welt, mit dem Flugzeug gut erreichbar und es gibt – anders als in den Vereinigten Staaten – keine Gesetze, die die Geburtenkontrolle einschränken.[1]

Tatsächlich befürworten die puerto-ricanischen Behörden Geburtenkontrolle ausdrücklich als Mittel gegen die Überbevölkerung und die allgegenwärtige Armut. Verhütung wird sogar staatlich gefördert.[2] Eine weitverbreitete Methode: die Sterilisation, unter Puerto Ricanern bekannt als „la operación".[3] Bis 1955 sind bereits 16,5 Prozent aller Frauen im gebärfähigen Alter sterilisiert[4] – oft unter fragwürdigen Bedingungen. Bis 1974 steigt der Wert auf 37 Prozent und

1982 hat Puerto Rico mit 46 Prozent die höchste Sterilisationsrate weltweit.[5]

In den puerto-ricanischen Frauen sieht Pincus die idealen Probandinnen: Seine klinischen Studien zur „Pille" fügen sich nahtlos in die Bevölkerungspolitik der karibischen Insel ein. Die Auswahl der Studienteilnehmerinnen folgt einem bekannten Muster: arm, weiblich, Person of Colour. Bereits in früheren Experimenten hatten Forscher „marginalisierte" Bevölkerungsgruppen als Forschungsobjekte missbraucht – in Guatemala oder Tuskegee beispielsweise –, immer unter dem Deckmantel der Wissenschaft, getragen von rassistischen Annahmen über „unterentwickelte" Bevölkerungsgruppen.

Sowohl Gregory Pincus als auch sein Forschungspartner John Rock, ein ehemaliger Professor an der Harvard-Universität, stützen ihre

(1) Rosenwald, Mike: The dark history of the pill, Min. 1:00, auf: open.spotify.com (4.9.2019).

(2) PBS (Hg.) (I): The Puerto Rico Pill Trials, auf: pbs.org.

(3) Delgado Gutarra, Sofía: Censored Pain: A Look into Irene Vilar's Memoirs and the Birth Control Trials of 1956, University of Puerto Rico, S. 21, auf repositorio.upr. edu (16.5.2022).

Vier Personen, die entscheidend an der Entwicklung der „Pille" beteiligt waren

(4) Pendergrass, Drew; Raji, Michelle: The Bitter Pill: Harvard and the Dark History of Birth Control, auf: thecrimson.com (28.9.2017).

(5) Delgado Gutarra 2022, S. 7 / Warren, Charles u. a.: Contraceptive Sterilization in Puerto Rico, in: Demography, 23(3) 1986, S. 351-365, hier: S. 351, auf: doi.org.

(6) Pendergrass/Raji 2017.

(7) Vargas, Theresa: Guinea pigs or pioneers? How Puerto Rican women were used to test the birth control pill, auf: washingtonpost.com (9.5.2017).

(8) PBS (I).

(9) Westdeutscher Rundfunk (Hg.): 18. August 2010 – Vor 50 Jahren: „Antibabypille" kommt in den USA auf den Markt, auf: wdr.de (18.8.2010) / Pendergrass/Raji 2017.

(10) Roberts, William C.: "The Pill" and Its Four Major Developers, auf: pmc.ncbi.nlm.nih.gov (20.5.2015).

(11) Pendergrass/Raji 2017.

(12) PBS (I).

(13) Pendergrass/Raji 2017.

(14) PBS (I).

Gregory Pincus

Pincus sorgte in den 1930er-Jahren für Aufsehen, als er Eizellen von Säugetieren außerhalb des Körpers befruchtete und erfolgreich zurück übertrug. Seine Experimente brachten ihm massive öffentliche Kritik ein. Nach seiner umstrittenen Entlassung aus Harvard gründete er 1944 gemeinsam mit Hudson Hoagland die Worcester Foundation for Experimental Biology – eine der wichtigsten Einrichtungen für Hormonforschung in den USA. Dort legte er die wissenschaftliche Grundlage für die Entwicklung der Pille.

Margaret Sanger

Sanger war Krankenschwester und Frauenrechtlerin. 1916 eröffnete sie die erste Verhütungsklinik in den USA und prägte den Begriff *birth control*. Trotz mehrfacher Verhaftungen baut sie ein Netzwerk aus Ärzt:innen, Aktivist:innen und Geldgeber:innen auf – und wird zur zentralen Figur der amerikanischen Verhütungsbewegung. Ihr Ziel: Frauen sollen sexuell aktiv sein können – ohne dabei schwanger zu werden.

garet Sanger – insgesamt rund zwei Millionen in die Entwicklung der Pille investiert.[9]

Sanger, selbst eine bekannte Frauenrechtlerin und Aktivistin für Geburtenkontrolle der Fünfzigerjahre in den USA, hat nicht nur den Begriff *birth control* populär gemacht, sondern nahezu im Alleingang die amerikanische Bewegung für Geburtenkontrolle ins Leben gerufen. Sie vertritt die Meinung, echte Gleichberechtigung von Frauen sei erst dann möglich, wenn sie von sexueller Fremdbestimmung befreit seien.[10] McCormick sieht in Pincus und Rock die vielversprechendsten Kandidaten, um diesen feministischen Traum, den sie mit Sanger teilt, zu verwirklichen. Pincus selbst verfolgt allerdings andere Ziele: 1967 soll er in einem Interview gesagt haben, dass er gegen die sexuelle Freiheit für Frauen (und Männer) sei. Sein vorrangiges Ziel: eine wissenschaftliche Frage zu klären – nicht, gesellschaftliche Veränderungen anzustoßen.[11]

1956 beginnt die erste großangelegte klinische Studie zur Antibabypille am Menschen – unter der Führung von Dr. Edris Rice-Wray, der damaligen medizinischen Leiterin der Familienplanungsvereinigung von Puerto Rico.[12] Ursprünglich werden 1.500 Frauen für die Studie rekrutiert, doch rund ein Viertel der Teilnehmerinnen bricht noch im ersten Jahr ab – entweder aus Desinteresse oder aufgrund von starken Nebenwirkungen. Ein erheblicher Teil der Teilnehmerinnen leidet unter Übelkeit, Schwindel und Erbrechen. Für Pincus und Rock nebensächliche Beschwerden – Pincus betont Jahre später in einem Interview mit der *New York Times*: „Diese Nebenwirkungen sind größtenteils psychosomatisch. Die meisten treten auf, weil Frauen sie erwarten."[13]

Auch als Rice-Wray die Nebenwirkungen als „nicht zumutbar" einstuft, setzen die Männer die Studie fort. Drei Frauen sterben – eine von ihnen nach mehrfach dokumentierten schweren Symptomen. Doch ob die Pille für ihren Tod verantwortlich war, wird nie untersucht. Die Versuchspersonen bleiben austauschbar.[14]

Die Pille, die den Frauen in Puerto Rico verabreicht wird, enthält eine Hormonmenge, die zwanzigmal höher ist als die heutiger Präparate. Die Teilnehmerinnen erfahren zwar, dass das Medikament eine Schwangerschaft verhindern soll –

Forschung auf ein klares politisches Ziel: die weltweite Bevölkerungskontrolle. Rock brachte diese Haltung später in einem Interview mit dem Sender *WGBH* auf den Punkt: „Menschen bekommen gerne Kinder. Und das gilt besonders für primitive Völker."[6] Auch Pincus beschrieb das Wachstum armer, „ungebildeter" Bevölkerungsgruppen in einem Artikel als Hindernis für die wirtschaftliche Entwicklung.[7] Puerto Rico wird zur „Fallstudie" – funktioniert die neue Verhütungsmethode auf der Insel, so die Logik, ist sie auch nicht zu kompliziert für Frauen in „entwickelten" Ländern.[8]

Was den beiden Forschern fehlt, ist ein vermögender Geldgeber, der die Studie finanziert. Diesen finden sie in Katharine McCormick – einer reichen Witwe, überzeugten Feministin und langjährigen Verfechterin von Geburtenkontrolle. Nach dem Tod ihres Mannes im Jahr 1947 erbt sie 35 Millionen Dollar, wovon sie – auf Empfehlung von Mar-

nicht jedoch, dass es sich um ein kaum erforschtes Präparat handelt und sie Teil einer klinischen Studie mit potenziell schweren Nebenwirkungen sind.[15]

Delia Mestre, eine der Studienteilnehmerinnen, erzählt später in einem Interview mit der *Chicago Tribune*, dass die Frauen glaubten, ein Wundermittel erhalten zu haben, das sie davor schütze, Kinder zu bekommen, die sie nicht versorgen können.[16] Viele der Frauen nehmen an den Versuchen teil, weil sie sich dadurch Zugang zu Verhütung erhoffen, die, anders als die Sterilisation, reversibel ist. Trotz ausbeuterischer Rahmenbedingungen und obwohl die Studie keine finanzielle Entschädigung vorsieht, haben die Forscher nie ein Problem, ausreichend Teilnehmerinnen zu finden.[17]

„Die Experimente waren richtig und falsch", sagt Mestre. Einerseits seien die Frauen in Puerto Rico verzweifelt auf der Suche nach Verhütungsmöglichkeiten gewesen, andererseits wurde ihnen eine Entscheidung gegen die Antibabypille abgenommen, indem sie nicht über die Studie aufgeklärt wurden. „Ich habe Schwierigkeiten, meinen erwachsenen Kindern diese Zeit zu erklären. Meine Gefühle, was das Ganze betrifft, sind gemischt."[18]

Ungeachtet aller Kritik präsentieren Pincus und Rock die Antibabypille als vollen Erfolg: Enovid-10, so der offizielle Name des Präparats,[19] verhindert bei regelmäßiger Einnahme mit hundertprozentiger Sicherheit[20] eine ungewollte Schwangerschaft. Die Wirksamkeit ist schlussendlich auch entscheidend für die Zulassung[21] durch die US-Arzneimittelbehörde FDA am 9. Mai 1960.[22]

Die Versuche in Puerto Rico laufen auch nach der Markteinführung weiter – bis 1964. Während sich Frauen auf dem US-amerikanischen Festland zunehmend über Nebenwirkungen wie Schlaganfall, Depressionen, erhöhtes Thromboserisiko, Kopfschmerzen oder Übelkeit beschweren[23] und bereits erste Klagen gegen die Hersteller der Pille eingereicht werden,[24] dienen die Probandinnen auf Puerto Rico weiter als Versuchskaninchen.[25]

Katharine McCormick

McCormick, eine wohlhabende Witwe und Frauenrechtlerin, spielte vor allem als Geldgeberin eine große Rolle bei der Entwicklung der Antibabypille – ohne ihre finanzielle Unterstützung wäre die klinische Forschung an der Pille in diesem Ausmaß kaum möglich gewesen.

John Rock

Rock führte erste klinische Studien mit Hormonen an Frauen durch, die keine schweren Nebenwirkungen mit sich brachten. Dies überzeugte Pincus von der Sicherheit des Präparats. Auch die Einführung einer monatlichen Pillenpause von fünf Tagen, um den natürlichen Menstruationszyklus zu imitieren, war Rocks Idee – ein Schritt, der wesentlich zur gesellschaftlichen Akzeptanz der Pille beitrug.

Die Gesundheitssoziologin Michelle Sotero spricht heute von einem „historischen Trauma", das über Generationen hinweg wirke. Die strukturelle Gewalt, die die Frauen aus Puerto Rico durch medizinische Ausbeutung erfahren haben, habe sich tief in das kollektive Gedächtnis eingebrannt.[26]

Bis heute haben die betroffenen Frauen keine Entschädigung erhalten – oder auch nur eine Entschuldigung. So distanziert sich beispielsweise die US-amerikanische Non-Profit-Organisation Planned Parenthood, die die Experimente in Puerto Rico mitfinanziert hat, öffentlich von rassistischen Motiven. Auf ihrer Webseite schreibt die Organisation: „Planned Parenthood ist überzeugt, dass alle Menschen – unabhängig von Hautfarbe, Religion, Geschlechtsidentität, Fähigkeiten, Aufenthaltsstatus und Herkunft – vollwertige Menschen sind, die das Recht haben, ihre eigene Zukunft zu bestimmen und frei, ohne Zwang oder Verurteilung, zu entscheiden, ob und wann sie Kinder bekommen möchten."[27] Gleichzeitig verharmlost sie die fehlende Aufklärung im Vorfeld der Studie: „Ende der 1950er- und Anfang der 1960er-Jahre war es nicht üblich, dass Proband:innen für die Teilnahme an klinischen Studien eine Einverständniserklärung unterzeichneten."[28] Auf eine klare Anerkennung des Unrechts oder eine öffentliche Entschuldigung warten die Studienteilnehmerinnen vergeblich.

(15) Delgado Gutarra 2022, S. 22-23.

(16) Chicago Tribune (Hg.): Puerto Ricans recall being guinea pigs for 'magic' pill, auf: chicagotribune.com (4.11.2004).

(17) Pendergrass/ Raji 2017.

(18) Chicago Tribune 2004.

(19) PBS (Hg.) (II): The FDA Approves the Pill, auf: pbs.org.

(20) PBS (I).

(21) Rosenwald 2019, Min. 3:23.

(22) PBS (II).

(23) Chicago Tribune 2004.

(24) Rosenwald 2019, Min. 3:57.

(25) Chicago Tribune 2004.

(26) Delgado Gutarra 2022, S. 19.

(27) Planned Parenthood (Hg.): History of Planned Parenthood, auf: plannedparenthood. org.

(28) Planned Parenthood (Hg.): The Birth Control Pill. A History, S. 3, auf: plannedparenthood. org.

(29) Pendergrass/ Raji 2017.

(30) Lebron, Cynthia u.a: Social Justice Is Overdue for Puerto Rican Mothers, auf: pmc.ncbi.nlm.nih.gov (Juli 2024).

Methode	Pearl-Index
Hormonspirale	0,16
Pille	0,1 - 0,9
Depotspritze	0,3 - 0,88
Minipille	0,5 - 3
Vaginalring	0,4 - 0,65
Verhütungspflaster	0,72 - 0,9
Kupferspirale	0,3 - 0,8
Hormonimplantat	0 - 0,08
symptothermale Methode	0,4 - 1,8
Diaphragma	1 - 20
Kondom	2 - 12
Portiokappe	6
Kondom für die Frau	5 - 25
chemische Verhütungsmittel	3 - 21
Coitus interruptus	4 - 18
Kalendermethode	9
Sterilisation der Frau	0,2 - 0,3
Sterilisation des Mannes	0,1
keine Verhütung	85

Die Pille ist ein medizinischer Meilenstein. Millionen von Frauen haben dadurch eine neue Form der Selbstbestimmung erlangt. Doch die Geschichte ihrer Entwicklung, die dahinterstehenden gravierenden Menschenrechtsverletzungen, die Perspektive der Betroffenen ist den wenigsten Menschen bekannt.[29] Und die Spuren des Traumas reichen bis in die Gegenwart: In einem 2024 erschienenen Artikel argumentieren Wissenschaftler der Universität von Miami, dass auch knapp 60 Jahre nach den Massensterilisationen und den Experimenten zur Antibabypille Puerto Ricanerinnen immer noch überdurchschnittlich viele Frühgeburten und Babys mit niedrigem Geburtsgewicht haben und die Säuglingssterblichkeit hoch ist. Neben Faktoren wie der Kolonialisierung, der wirtschaftlichen Ausbeutung und der Ausnutzung von Menschen in Notlagen scheint dabei auch Benachteiligung im Zusammenhang mit Schwangerschaft, Geburt oder Kinderwunsch eine wichtige Rolle zu spielen.[30] ▼

STEFANIE MALLEIER
KATAPULT

Verlässlichkeit von Verhütungsmethoden

Der Pearl-Index dient als Maßstab zur Bewertung der Zuverlässigkeit von Verhütungsmethoden: je niedriger der Wert, desto sicherer die Methode. Kommt es beispielsweise bei 100 Frauen im Laufe eines Jahres zu 5 Schwangerschaften, liegt der Pearl-Index dieser Methode bei 5.

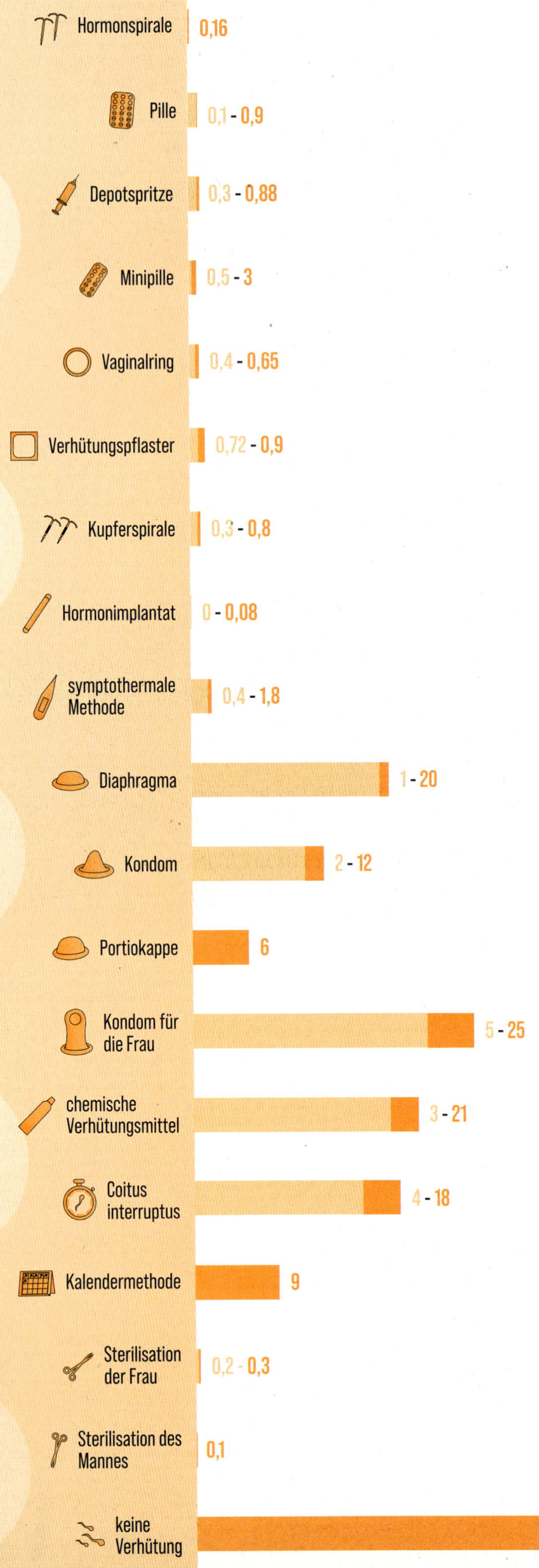

Anteil tierischer Lebensmittel am Energieverbrauch des globalen Agrar- und Lebensmittelsystems, in Prozent

60

Anteil tierischer Lebensmittel an den konsumierten Kalorien, in Prozent

18

Quelle: Rasul, Kajwan u.a.: Energy input and food output: The energy imbalance across regional agrifood systems, in: PNAS Nexus, (3)2024, Nr. 12

FRAGMENTE

Lukla NEPAL LUA

▲ 2.846 m ▮ 1 ↥ 527 m

📍 liegt im Himalaja, die kurze Landebahn endet in einem steilen Abhang, extreme Wetter- und Luftbedingungen machen Landemanöver sehr risikoreich; beliebter Ausgangspunkt für Touren zum Mount Everest

LUFTFAHRT
Extreme Flughäfen

Eine kurze Landebahn, kreuzende Straßen oder Klippen – manche Flughäfen sind so speziell gelegen oder gebaut, dass Pilot:innen eine eigene Schulung brauchen, um sie anfliegen zu können. Die gefährlichen Landemanöver sind aufgrund extremer Wetterbedingungen manchmal auch gar nicht machbar. Dann muss der nächstgelegene Notfallflughafen angeflogen werden – wie im Fall von St. Helena kann der aber auch schon mal 2.000 Kilometer entfernt sein. Deshalb immer wichtig: genug Treibstoff dabeihaben. ✈

Barra VEREINIGTES KÖNIGREICH BRR

▲ 1,5 m ▮ 3 ↥ 846 m

📍 Landebahnen liegen bei Flut unter Wasser, nur bei Ebbe kann gelandet werdet; wenn Flughafen nicht nutzbar ist, dürfen Menschen den Strand nutzen

London City VEREINIGTES KÖNIGREICH LCY

▲ 6 m ▮ 1 ↥ 1.508 m

📍 liegt mitten in der Stadt, deswegen gibt es wenig Platz für Manöver

Innsbruck ÖSTERREICH INN

▲ 581 m ▮ 1 ↥ 2.000 m

📍 liegt in einem Tal in den Alpen, ist von allen Seiten von hohen Bergen umgeben, schwierige Windverhältnisse, kein Platz für Fehler oder Abweichungen

Courchevel FRANKREICH CVF

▲ 2.006 m ▮ 1 ↥ 537 m

📍 liegt im Skigebiet ( ist direkt daneben), Landebahn hat eine extreme Steigung (18,6 Prozent)

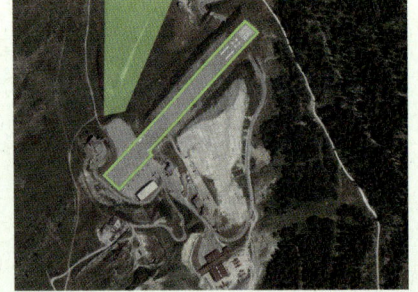

Paro BHUTAN `PBH`

 2.235 m   1   ↕ 2.265 m

⊕ liegt in einem tiefen Tal, die Berge rundherum sind bis zu 5.500 Meter hoch, schwierige Wetter- und Luftverhältnisse, Technik nur eingeschränkt nutzbar (Pilot:innen müssen die Flugzeuge manuell landen)

▲▲ Höhenlage des Flughafens

▮ Anzahl Landebahnen

↕ Länge der längsten Landebahn

★ Besonderheiten

`XXX` IATA-Flughafencode

St. Maarten KARIBISCHE NIEDERLANDE `SXM`

▲▲ 4 m   ▮ 1   ↕ 2.300 m

⊕ liegt direkt neben einem Strand, Flugzeuge fliegen oft in nur 20 Metern Höhe über die Badegäste hinweg

Badegäste

Saba KARIBISCHE NIEDERLANDE `SAB`

▲▲ 42 m   ▮ 1   ↕ 400 m

⊕ hat mit 400 Metern die kürzeste (öffentliche) Landebahn der Welt, der Anfang und das Ende sind von Klippen begrenzt

St. Helena BRITISCHES ÜBERSEEGEBIET `HLE`

▲▲ 310 m   ▮ 1   ↕ 1.950 m

⊕ Sankt Helena liegt mitten im Atlantik, schwierige Wetterbedingungen, nächster Notlandepunkt liegt rund 1.200 Kilometer entfernt

Gisborne NEUSEELAND `GIS`

▲▲ 5 m   ▮ 4   ↕ 1.310 m

⊕ Zugschienen kreuzen die einzige asphaltierte Landebahn (ist aber streng geregelt, deswegen kam es bisher zu keinem Zusammenstoß zwischen Flugzeug und Bahn), drei der Landebahnen sind aus Gras

Bahnübergang

Bahnübergang

Militärausgaben
Russland und Ukraine
(in Milliarden US-Dollar)

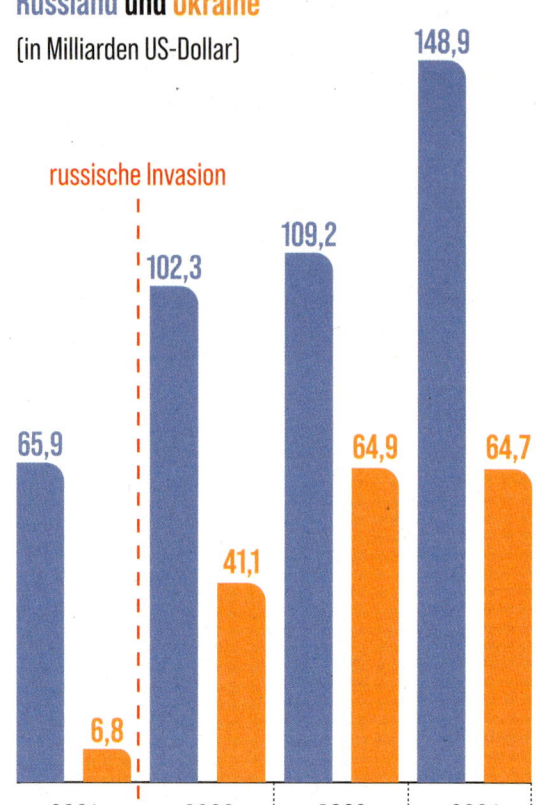

russische Invasion

	2021	2022	2023	2024
Russland	65,9	102,3	109,2	148,9
Ukraine	6,8	41,1	64,9	64,7

MILITÄRAUSGABEN

Kalter Krieg 2.0?

Weltweit investieren Staaten so viel Geld ins Militär wie seit dem Kalten Krieg nicht mehr. Allein 2024 stiegen die Rüstungsausgaben um neun Prozent auf 2,7 Billionen US-Dollar. Im selben Jahr flossen weltweit durchschnittlich 2,5 Prozent der gesamten Wirtschaftsleistung in die Verteidigung. Mehr als 100 Länder erhöhten ihr Budget für Waffen, Soldaten und Sicherheit. Droht ein neues globales Wettrüsten?

Das Stockholmer Friedensforschungsinstitut Sipri gibt dazu keine belastbare Prognose ab – der Trend zeigt jedoch steil nach oben. Vor allem der Russland-Ukraine-Krieg treibt die Entwicklung voran. Im dritten Kriegsjahr stiegen die Militärausgaben in Europa auf 693 Milliarden US-Dollar. Russland investierte 2024 rund 149 Milliarden – ein Plus von 38 Prozent, was etwa einem Fünftel der russischen Wirtschaftsleistung entsprach.

Die Ukraine erhöhte ihre Militärausgaben gegenüber dem Vorjahr um 2,9 Prozent auf 64,7 Milliarden Dollar, was 34 Prozent der gesamten Staatsausgaben entsprach. Die gesamten Steuereinnahmen des Landes flossen laut Sipri in das Militär; andere staatliche Aufgaben finanzierte die Ukraine durch ausländische Hilfe.

Auch Deutschland rüstet auf: Mit umgerechnet 88,5 Milliarden Dollar verfügte es 2024 über das viertgrößte Militärbudget weltweit – hinter den USA, China und Russland.

Bruttoinlandsprodukt (2023):
Russland und Ukraine

2.020 Milliarden US-$

178,8 Milliarden US-$

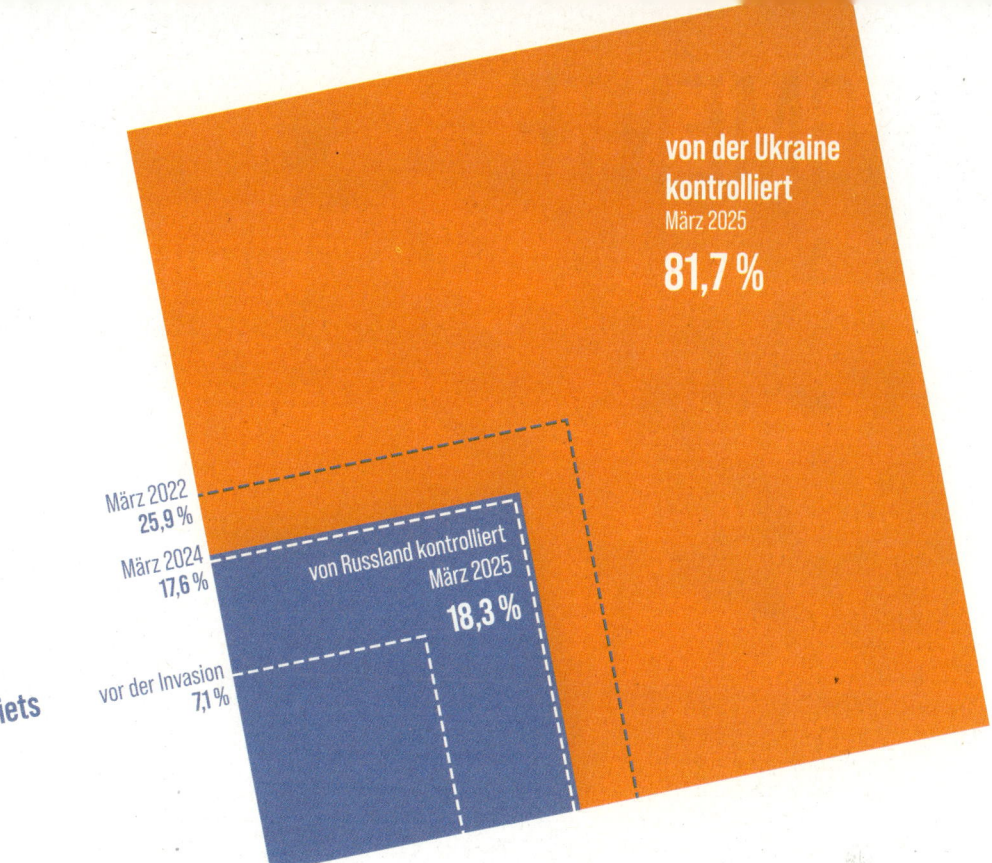

von der Ukraine
kontrolliert
März 2025
81,7 %

Anteil
des von Russland
besetzten
ukrainischen Gebiets

März 2022
25,9 %

März 2024
17,6 %

von Russland kontrolliert
März 2025
18,3 %

vor der Invasion
7,1 %

Über eine Million Gefallene und Verwundete im Russland-Ukraine-Krieg ● ≙ 1.000 Mann

Alle Angaben sind Schätzungen. Daten für Russland vom 8. Mai, für die Ukraine vom 21. Mai

250.000 getötete russische Soldaten

76.000 getötete ukrainische Soldaten

324.000 verwundete ukrainische Soldaten

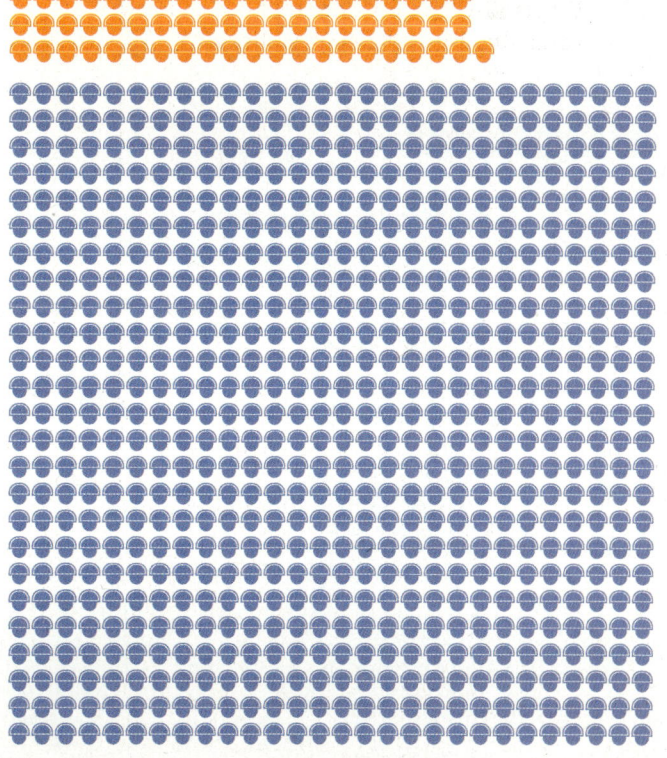

700.000 verwundete russische Soldaten

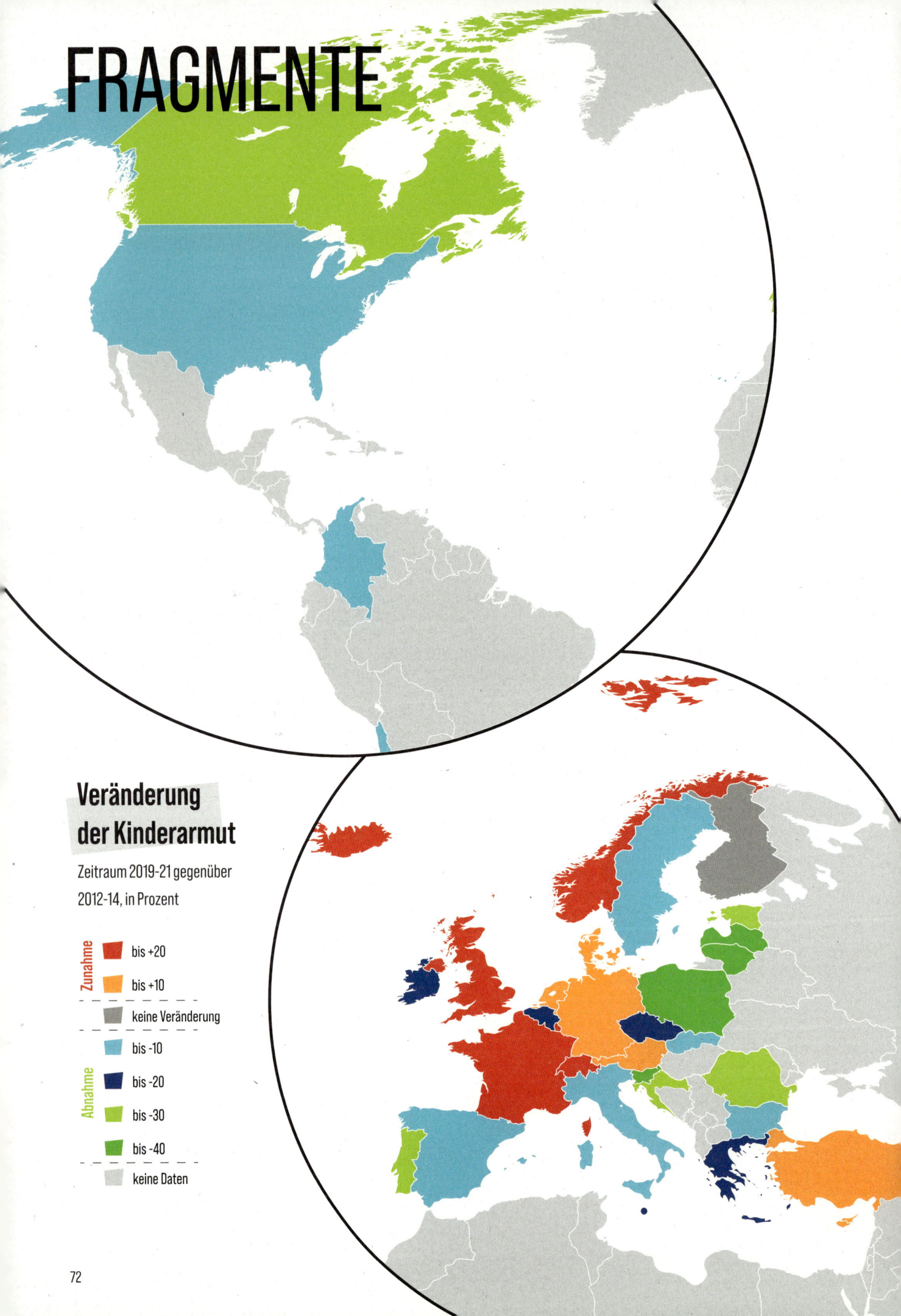

FRAGMENTE

Veränderung der Kinderarmut

Zeitraum 2019-21 gegenüber
2012-14, in Prozent

Zunahme
- bis +20
- bis +10

- keine Veränderung

- bis -10

Abnahme
- bis -20
- bis -30
- bis -40

- keine Daten

SOZIALE UNGLEICHHEIT

In Großbritannien geht es Kindern immer schlechter

Die Vereinten Nationen haben die Kinderarmut in 43 Ländern mit hohen und mittleren Einkommen im Zeitraum 2012 bis 2014 mit dem Zeitraum 2019 bis 2021 verglichen. Dabei sticht Großbritannien besonders heraus. Während der Anteil der in Armut lebenden Kinder in vielen osteuropäischen Staaten um rund ein Drittel sank, nahm er in Großbritannien um fast 20 Prozent zu. Und das ärmste Fünftel der britischen Haushalte ist ärmer als das entsprechende Fünftel in den meisten Ländern Osteuropas. Der Sozialgeograf Danny Dorling hat das Problem genauer untersucht. Er sieht eine der Hauptursachen in den Sparmaßnahmen der britischen Regierungen seit 2010.

44 Prozent der britischen Familien mit drei und mehr Kindern leben in Armut. Viele können sich keine neuen Möbel leisten, Kinder schlafen auf alten Matratzen oder auf dem Boden. Seit Ende der Siebzigerjahre hat die Einkommensungleichheit im Königreich stark zugenommen, reiche Familien verdienen ein Vielfaches des Durchschnitts. Dorling teilte 14 Millionen britische Kinder in sieben gleich große Gruppen ein, die verschiedene Einkommensklassen repräsentierten. Während die ärmsten Familien mit existenziellen Problemen kämpfen, leben sechs Prozent aller Kinder im Vereinigten Königreich in den reichsten Familien, die ein Drittel des gesamten britischen Einkommens auf sich vereinen. Vier der sieben Gruppen von Kindern leben heute in einer Situation, die die meisten Bessergestellten als Armut bezeichnen würden. Dorlings Forderung: weniger Angst vor höheren Steuern für die Reichsten und mehr Mut zu einer besseren sozialen Absicherung – als Antwort auf die wachsende Armut. ⬇

NEUE METHODE

Wie aus Abfall eine wertvolle Ressource wird

Dank einer wegweisenden Neuerung lässt sich Klärschlamm in Tierfutter und Wasserstoff verwandeln. Forscher aus Singapur, Australien und China haben ein solarbetriebenes Verfahren entwickelt, das aus einem globalen Umweltproblem zwei nützliche Ressourcen gewinnt.

Der Klärschlamm wird mechanisch zerkleinert und dann in einem solarbetriebenen elektrochemischen Verfahren aufgespalten: Dabei entstehen Fettsäuren und Wasserstoff – die Fettsäuren dienen Bakterien als Nahrung, die daraus nützliche Proteine für Tierfutter machen. Weltweit fallen jedes Jahr mehr als 100 Millionen Tonnen Klärschlamm an. Die Entsorgung der zähen Masse kostet Milliarden – und schadet der Umwelt, denn bislang wird sie deponiert, verbrannt oder kompostiert.

Die neue Technik erzielt beeindruckende Ergebnisse: 91 Prozent des organischen Kohlenstoffs können zurückgewonnen, 63 Prozent in Eiweiß umgewandelt werden. Kohlendioxid wird im Vergleich zu herkömmlichen Behandlungsverfahren fast gar keines mehr freigesetzt. Da das neue Verfahren sich leicht in bestehende Systeme einfügen lässt, könnten Kläranlagen damit schon bald zu Motoren der Kreislaufwirtschaft werden. ⬇

GRÜNER WASSERSTOFF AUS NAMIBIA

Von Saubermännern und unsauberer Energie

Eine neue Wasserstoffindustrie in Namibia soll die Energiewende in Deutschland voranbringen. Doch die Bundesrepublik hat noch nicht die Voraussetzungen für faire Beziehungen geschaffen und es droht eine Wiederholung der Kolonialgeschichte. Kann eine Beziehung auf Augenhöhe zustande kommen?

VON **BENJAMIN JOHNSON**

(1) Namibia Green Hydrogen Programme (Hg.): Tsau //Khaeb National Park (Hyphen SCDI) Project, auf: gh2namibia.com (September 2022).

(2) Enertrag (Hg.): Hyphen: Projekt für grünen Wasserstoff, auf: enertrag.com.

(3) Bundesnetzagentur (Hg.): Ausbau erneuerbarer Energien 2024, auf: bundesnetzagentur. de (8.1.2025).

(4) Enertrag 2025.

Im Westen Namibias liegt die Zukunft der Energieerzeugung. Im *Tsau | Khaeb*-Nationalpark, in der Nähe der Küstenstadt Lüderitz, soll bis zum Jahr 2030 auf 4.000 Quadratkilometern ein neues Projekt realisiert werden: *Hyphen* – eine Produktionsstätte für „grünen" Wasserstoff, hergestellt mithilfe von Sonnen- und Windenergie.[1] Geplant ist ein kombiniertes Solar- und Windkraftwerk mit einer Leistung von sieben Gigawatt (GW), das während der Bauphase rund 15.000 und langfristig 3.000 Arbeitsplätze schaffen soll.[2] Zum Vergleich: Im vergangenen Jahr wurden in Deutschland rund 18,7 GW an erneuerbarer Energie an Land neu installiert (16,2 GW Photovoltaik, 2,5 GW Wind).[3]

Die Produktion von Wasserstoff mit nachhaltigen Energiequellen gilt als klimaneutral, da kein CO_2 freigesetzt wird. Rund 350.000 Tonnen des Energieträgers sollen jährlich im Rahmen des Hyphen-Projekts produziert und unter anderem nach Deutschland exportiert werden, um hierzulande die Energiewende voranzutreiben.[4] Mit dem namibischen Wasserstoff will die deutsche Industrie den Grundstein der sogenannten Kreislauf- oder Zero-Waste-Wirtschaft legen[5] – ein Modell, das Abfälle vermeidet, indem sie als Rohstoffe wiederverwendet werden.

Die Kooperationsvereinbarung zwischen Deutschland und Namibia besteht seit 2021. Sie

Produktion von grünem und blauem Wasserstoff

in 1.000 Tonnen, 2023

31,6
EUROPA

NAHER OSTEN
0,1

93,6
ASIEN/PAZIFIK

1,7
AFRIKA

Worin besteht der Unterschied?
Blauer Wasserstoff wird aus Erdgas und Wasser hergestellt, wobei CO_2 entsteht. Grüner Wasserstoff wird durch Elektrolyse von Wasser mit erneuerbaren Energien erzeugt – ohne Emissionen.

2.091,6
NORDAMERIKA

44,1
EUROPA

621,9
NAHER OSTEN

1.929,7
ASIEN/PAZIFIK

AFRIKA
keine Daten

ZENTRAL-UND SÜDAMERIKA
keine Daten

Die 20 größten geplanten grünen Wasserstoffprojekte

geschätzte Leistung in Gigawatt und Platzierung, 2022

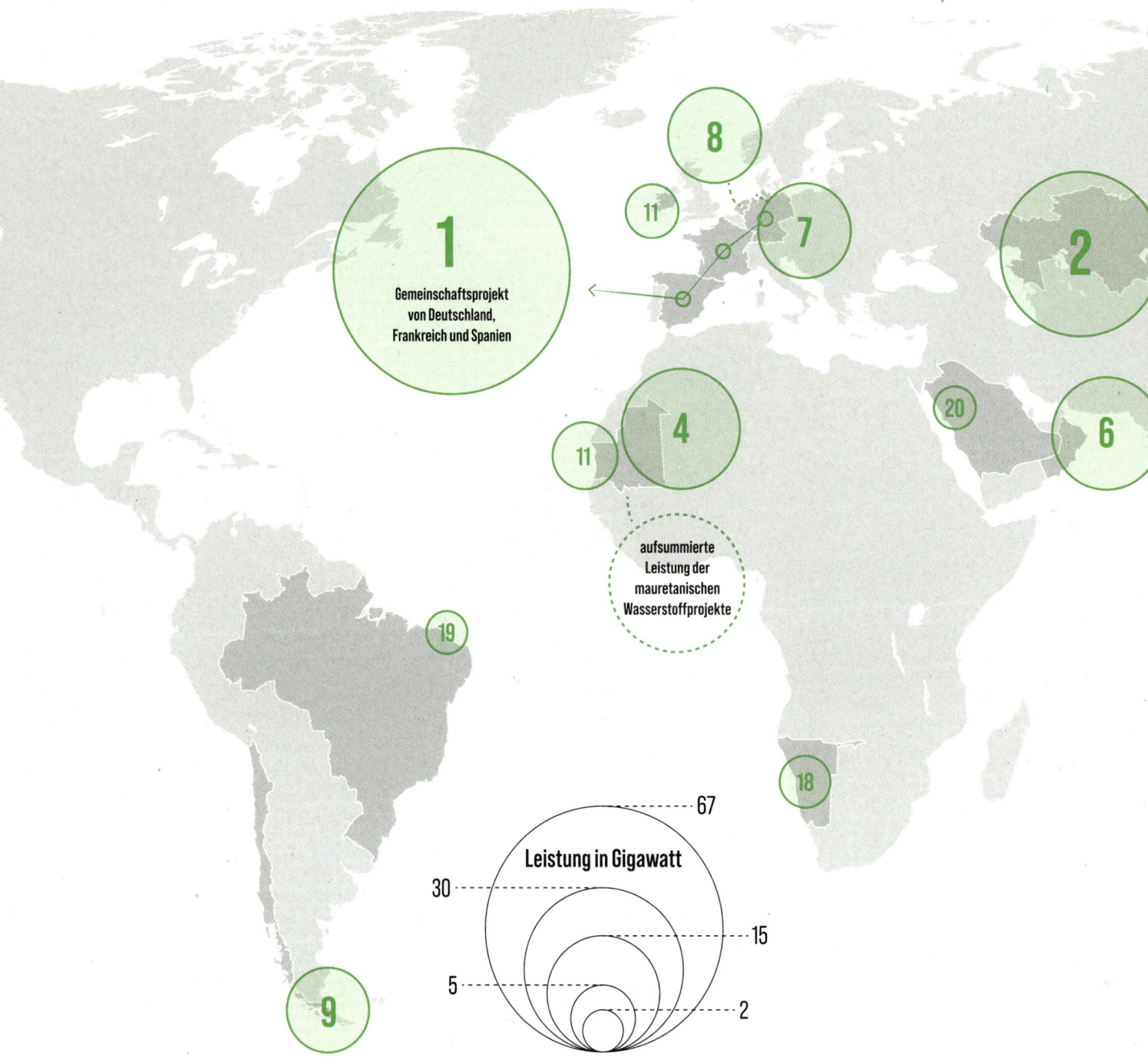

Gemeinschaftsprojekt von Deutschland, Frankreich und Spanien

aufsummierte Leistung der mauretanischen Wasserstoffprojekte

Leistung in Gigawatt

67
30
15
5
2

(5) Ministerium für Wirtschaft, Industrie, Klimaschutz und Energie des Landes Nordrhein-Westfalen (Hg.): Tri-laterale Chemiestrategie, auf: wirtschaft.nrw / Europäisches Parlament (Hg.): Kreislaufwirtschaft, Definition und Vorteile (1.6.2023), auf: europarl. europa.eu.

legt die energiewirtschaftliche Beziehung der beiden Länder fest und umfasst unter anderem die Ausarbeitung einer eigenen Wasserstoff-strategie für Namibia.[6] Erste Produktionsstätten, die das Gas aus Solar- und Windenergie herstel-len, sollen bis 2026 entstehen.[7] Deutschland wer-de sich in dieser Partnerschaft anders verhalten als andere energiehungrige Volkswirtschaften, so

der damalige Bundeswirtschaftsminister Robert Habeck.[8]

Doch nicht alle sind von diesem Versprechen überzeugt. Die Beziehungen zwischen Namibia und Deutschland waren bereits in der Vergan-genheit von einem massiven Machtungleich-gewicht geprägt: Zwischen 1884 und 1915 war das heutige Namibia unter dem Namen Deutsch-

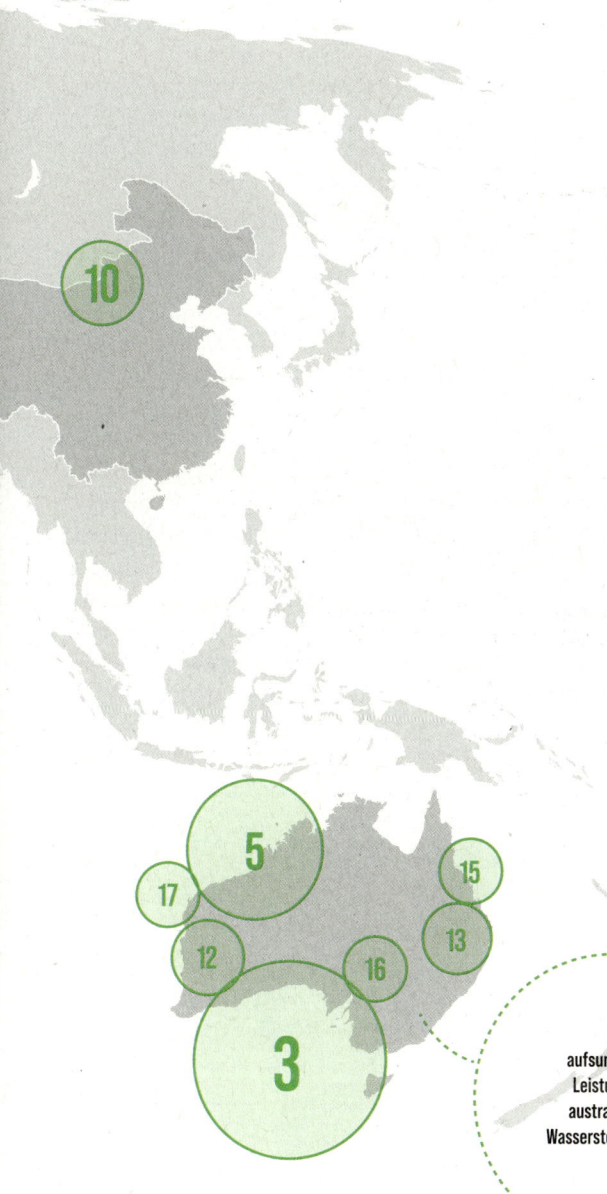

aufsummierte
Leistung der
australischen
Wasserstoffprojekte

Die Nama Traditional Leaders Association (NTLA), ein Zusammenschluss der 13 traditionellen Nama-Stämme, äußert heute Kritik am geplanten Ausbau der Wasserstoffindustrie. Die Sorge: erneute Ausbeutung und Menschenrechtsverletzungen.[11]

Lüderitz ist ein Ort des Leidens für die Nama und Ovaherero. Dem Völkermord fielen rund 100.000 Menschen zum Opfer. Viele verhungerten oder arbeiteten sich in Konzentrationslagern zu Tode, Frauen und Mädchen wurden vergewaltigt und sterbliche Überreste zu Forschungszwecken nach Deutschland verschickt. Eines der Lager befand sich auf der Haifischinsel – einer Halbinsel vor Lüderitz.[12] Der Ausbau der Hafeninfrastruktur im Rahmen von Hyphen bedroht diesen historischen Ort, an dem auch Gräber vermutet werden.[13]

Die Energiewende könnte die Beziehungen zwischen den beiden Ländern auf eine harte Probe stellen, denn Deutschland ist auf den Wasserstoff aus Namibia angewiesen, um den CO_2-Fußabdruck des Landes zu verringern – insbesondere in Industriesektoren, die nicht elektrifiziert werden können.[14] Wasserstoff gilt dort als klimafreundliche Alternative.

Doch die Einfuhr von vermeintlich „grünem" Wasserstoff bleibt umstritten: Nicht nur Deutschland, auch die EU steht in der Kritik, Ressourcen unter dem Deckmantel der „Nachhaltigkeit" aus Afrika zu importieren.[15] Das Argument: Selbst wenn Europa seinem Nachhaltigkeitsziel dadurch einen Schritt näher käme, müssten afrikanische Staaten mit der dadurch bedingten Ausbeutung ihrer Länder leben.

Namibia hat keinen Mangel an sauberen Energiequellen und leidet trotzdem unter Energiearmut. Viele Namibier:innen sorgen sich deshalb um die Versorgung des eigenen Landes, gerade weil künftig große Teile der erzeugten Energie nach Deutschland exportiert werden könnten – und unklar ist, was das für das Verhältnis zwischen den beiden Ländern bedeutet.[16]

Die Sorge scheint berechtigt, denn Expert:innen schätzen eine Partnerschaft auf Augenhöhe als unrealistisch ein. „Wir leben in einer Welt asymmetrischer Machtbeziehungen, die zurückgehen bis zum Kolonialismus", sagt Henning Melber, Professor am Nordischen Afrika-Institut im schwedischen Uppsala.[17] Wenn es um Verhandlungen zwischen Deutschland und Namibia gehe, „sitzen da zwei Parteien, in denen die eine hochkompetent

Südwestafrika eine deutsche Kolonie. Zwischen 1904 und 1908 verübte das Deutsche Reich einen Völkermord an den Nama[9] – einem Volk, zu dessen traditionellem Territorium das Große Namaqualand gehört. Dieses Gebiet liegt heute teilweise im *Tsau | Khaeb*-Nationalpark. Auch die Ovaherero, ein Hirtenvolk,[10] waren Opfer des Genozids.

(6) Bundesministerium für Forschung, Technologie und Raumfahrt (Hg.): Deutsch-namibische Kooperationsvereinbarung zu Grünem Wasserstoff, auf: fona.de / Bundesministerium für Wirtschaft und Energie (Hg.): Grüner Wasserstoff aus Namibia – Deutschland unterstützt beim Aufbau einer eigenen Produktion, auf: bmwk.de (26.11.2024).

(7) Namibia Green Hydrogen Programme 2022.

(8) Der Spiegel (Hg.): Habeck warnt vor „grünem Energie-Imperialismus", auf: spiegel.de (5.12.2022).

(9) Zimmerer, Jürgen: The First Genocide of the Twentieth Century: The German War of Annihilation in South West Africa (1904–1908) and the Global History of Genocide, in: ders. (Hg.): From Windhoek to Auschwitz?, Berlin/Boston 2024, S. 29-56, hier: S. 29.

(10) Medico International (Hg.): Für das Recht auf die eigene Existenz kämpfen, auf: medico.de (5.12.2022).

(11) Nama Traditional Leaders Association (Hg.): Grüner Wasserstoff, Deutschlands Großprojekte zur Energiewende in Namibia, auf: ntla.de (22.4.2024).

(12) Hopenhaym, Fernanda; Xanthaki, Alexandra; Duhaime, Bernard: Mandates of the Working Group on the issue of human rights and transnational corporations and other business enterprises; the Special Rapporteur in the field of cultural rights and the Special Rapporteur on the promotion of truth, justice, reparation and guarantees of non-recurrence, S. 1-2, auf: spcommreports.ohchr.org (12.9.2024).

(13) Forensis and Forensic Architecture (Hg.): Shark Island, S. 39-50, auf: content.forensic-architecture.org (12.4.2024).

(14) Bundesministerium für Wirtschaft und Industrie (Hg.): Wasserstoff: Schlüsselelement für die Energiewende, auf: bmwk.de (14.3.2025).

(15) Medico International (Hg.): Der Geruch von Kolonialismus, auf: medico.de (1.11.2024) / Skládalová, Denisa: Unmasking Green Colonialism in EU-Namibia Hydrogen Deal, auf: ejiltalk.org (28.2.2024).

(16) Ossenbrink, Lisa: Namibia leidet unter Energiearmut – und soll künftig Deutschlands Wasserstoff-Tankstelle sein, auf: perspective-daily.de (5.8.2023).

(17) Videotelefonat mit Henning Melber am 12.5.2025.

(18) Imani, Sarah; Theurer, Karina; Kaleck, Wolfgang: The "Reconciliation Agreement" – A Lost Opportunity, S. 2, auf: ecchr.eu (Juni 2021).

(19) Auswärtiges Amt (Hg.): Außenminister Maas zum Abschluss der Verhandlungen mit Namibia, auf: auswaertiges-amt.de (28.5.2021) / Burke, Kieran: Namibia marks first Genocide Remembrance Day, Deutsche Welle, auf: dw.com (28.5.2025).

(20) Namibia Green Hydrogen Programme 2022.

(21) Fischotter, Johanna: Ovaherero und Nama: Zahlungen der Entwicklungshilfe sind keine Wiedergutmachung, auf: gfbv.de (Juli 2023).

(22) Videotelefonat mit Franziska Müller und Johanna Tunn am 13.5.2025.

(23) Skládalová 2024.

(24) Wissenschaftliche Dienste des Deutschen Bundestages (Hg.): Zur Anerkennung kolonialen Unrechts als Völkermord, auf: bundestag.de (9.1.2023).

(25) Deutsche Welle (Hg.): Netumbo Nandi-Ndaitwah gewinnt Präsidentenwahl in Namibia, auf: dw.com (4.12.2024).

ist mit Wissen in Technologie, in allem Möglichen, die zu jedem Unterpunkt zehn Experten hat. Und sie verhandeln auf der anderen Seite mit Vertretern von Ministerien, in denen zwei bis drei Leute zehn verschiedene Sachen abdecken."

Eine „gleiche Augenhöhe" gebe es nicht, so Melber weiter, „die ist einfach nicht da". Wenn es also keine gleichberechtigte Partnerschaft geben kann, dann sollte sie zumindest auf Verständnis und Fairness beruhen. Doch auch das ist bislang nicht gegeben. Die deutsche Kolonialherrschaft führte unter anderem dazu, dass Ovaherero und Nama ihr Land verloren. Eine Rückgabe ist nicht vorgesehen. Die Bundesregierung weigert sich bis heute, Reparationen zu zahlen.[18] Stattdessen soll Entwicklungshilfe geleistet werden – 1,1 Milliarden Euro über 30 Jahre. Die Verhandlungen dazu laufen aber immer noch.[19] Zum Vergleich: Die Investitionen ins Hyphen-Projekt belaufen sich auf 9,4 Milliarden US-Dollar.[20]

Abgesehen von der Tatsache, dass Entwicklungshilfe eine umstrittene Form der Reparation darstellt,[21] führte der Landraub an den Nama auch zu einem Verlust der Identität. Und schließlich, erklärt Franziska Müller, Professorin für Internationale Entwicklung an der Universität Wien, „kann man Identität nicht zurückgeben". Der Versuch „wäre eine vermessene Vorstellung von Wiedergutmachung". Was man aber tun könne: um Entschuldigung bitten.[22] Doch auch das ist bisher nicht passiert. Der Vertrag zwischen Deutschland und Namibia birgt sogar Potenzial für zukünftige Konflikte: Der Landraub und die drohende Entwertung des Erinnerungsortes auf der Haifischinsel wären Eingriffe, die als Gewaltakte gegenüber der lokalen Bevölkerung verstanden werden müssten. Weitere Belastungen drohen durch den Verlust regionaler Biodiversität, den übermäßigen Zuzug von Arbeitskräften, zunehmende Süßwasserknappheit – Wasser ist essenziell für die Wasserstoffproduktion – und einen möglichen Energiemangel, ausgelöst durch Exporte nach Deutschland.[23]

Gewalt sei eine „Kontinuität, mit der Ressourcen, Menschen, Länder und Naturen ausgebeutet werden, die auch oftmals subtil ist", sagt Johanna Tunn, wissenschaftliche Mitarbeiterin an der Fakultät für Wirtschafts- und Sozialwissenschaften der Universität Hamburg. Für sie ist das Konzept der Kontinuität zentral: Es verbindet den Genozid mit der Gegenwart – und macht deutlich, dass koloniale Gewalt bis heute wirkt. Wenn über die zukünftige Beziehung zwischen Deutschland und Namibia gesprochen wird, geht es nicht nur um die Zusammenarbeit zwischen Regierungen – sondern um die Beziehung zu den Menschen vor Ort.

Ende 2022 hat der Bundestag den Völkermord „aus heutiger Sicht" schriftlich anerkannt.[24] Der Versöhnungsversuch steht nicht nur wegen der zweifelhaften Formulierung in der Kritik: Die Verhandlungen zwischen der deutschen und der namibischen Regierung fanden ohne die Ovaherero und Nama statt. Namibias Regierung wird mehrheitlich von der Südwestafrikanischen Volksorganisation gestellt, einer Partei, die vor allem von der Volksgruppe der Ovambo gewählt wird[25] – nicht von den vom Genozid betroffenen Nama und Ovaherero.

Die Leidtragenden des Völkermordes saßen folglich nicht mit am Verhandlungstisch. Und Menschen auszuschließen, so Tunn, sei eine klare Form der Gewalt und ein Verstoß gegen das Recht auf Selbstbestimmung.

Wenn Deutschland um Entschuldigung bitten wolle, betont Franziska Müller, dann direkt bei den Ovaherero und Nama und nicht bei der namibischen Regierung. Auch Henning Melber sieht das so: „Gleiche Augenhöhe stellt sich nicht her, in dem man sie beschwört." Versöhnung sei kein bürokratischer Akt zwischen Regierungen, sondern ein sozialer Prozess zwischen Menschen. „Und da ist dann auch die deutsche Gesellschaft gefordert, (...) von der deutschen Regierung einzufordern: So geht es nicht." ♣

DR. BENJAMIN JOHNSON
Global Climate Forum

FORSCHUNGSSCHWERPUNKTE
Kreislaufwirtschaft; dezentralisierte, nachhaltige Energieanlagen und die Geschichte der heutigen Energiewende

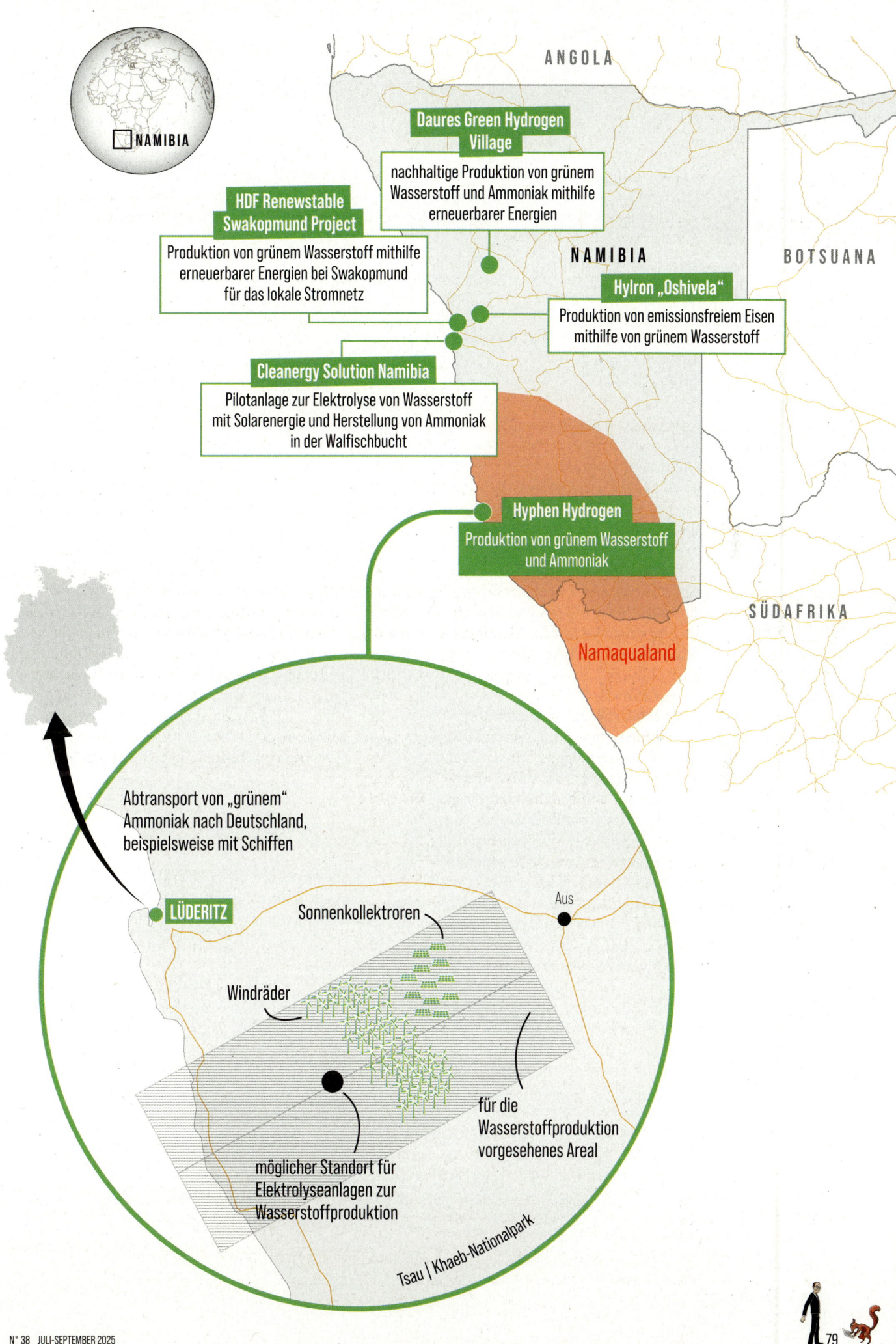

ANGOLA

NAMIBIA

BOTSUANA

SÜDAFRIKA

NAMIBIA

Daures Green Hydrogen Village

nachhaltige Produktion von grünem Wasserstoff und Ammoniak mithilfe erneuerbarer Energien

HDF Renewstable Swakopmund Project

Produktion von grünem Wasserstoff mithilfe erneuerbarer Energien bei Swakopmund für das lokale Stromnetz

Hylron „Oshivela"

Produktion von emissionsfreiem Eisen mithilfe von grünem Wasserstoff

Cleanergy Solution Namibia

Pilotanlage zur Elektrolyse von Wasserstoff mit Solarenergie und Herstellung von Ammoniak in der Walfischbucht

Hyphen Hydrogen

Produktion von grünem Wasserstoff und Ammoniak

Namaqualand

Abtransport von „grünem" Ammoniak nach Deutschland, beispielsweise mit Schiffen

LÜDERITZ

Sonnenkollektroren

Aus

Windräder

für die Wasserstoffproduktion vorgesehenes Areal

möglicher Standort für Elektrolyseanlagen zur Wasserstoffproduktion

Tsau | Khaeb-Nationalpark

Welche Strategien nutzen Schlachter, um routinemäßig Tiere töten zu können?

Studie: „Professional emotional neutrality and the role of background emotion work in the slaughterhouse" von Marcel Sebastian (März 2025)

Kurz: Fleischer bewältigen das Töten von Tieren, indem sie emotionale Distanz aufbauen – etwa durch das Vermeiden persönlicher Nähe, das Fokussieren auf technische Abläufe und indem sie Tiere als Ressourcen ansehen.

Im Schnitt verzehrt jeder Mensch in Deutschland rund 53 Kilo Fleisch pro Jahr. Dennoch können die meisten Menschen sich nicht vorstellen, selbst ein Tier zu schlachten. Für Fleischer ist das jedoch Alltag. Marcel Sebastian von der TU Dortmund hat nun untersucht, ob sie dabei Mitgefühl, Schuld oder Bedauern für die Tiere empfinden und welche Strategien es ihnen erlauben, routinemäßig Tiere zu schlachten.

Hierfür interviewte der Soziologe 13 ausgebildete Fleischer, die in deutschen Betrieben arbeiten und direkt an der Tötung der Tiere beteiligt sind. Zwölf der Befragten betonten, dass sie das Schlachten emotional nicht berühre oder sie dabei „gar nichts" fühlten. Diese emotionale Distanz ist für die Befragten ein zentraler Bestandteil ihrer beruflichen Identität und ein Merkmal, das sie von anderen Berufsgruppen unterscheidet. So war die Mehrheit überzeugt, dass nicht jeder den Beruf des Fleischers ausüben könnte.

Um diese Distanz herzustellen und „störende Gefühle" wie Mitgefühl zu neutralisieren, nutzen die Fleischer verschiedene Techniken. Zentral sei es beispielsweise, keine persönlichen Beziehungen zu den Tieren aufzubauen. Der aktuelle Ablauf in den Schlachthöfen, bei dem der Kontakt zu dem Tier auf ein Minimum begrenzt wird, vereinfache diese Abgrenzung. Außerdem sagten neun Fleischer, dass sie während des Schlachtens ihre Aufmerksamkeit auf emotional weniger belastende Aspekte der Arbeit lenkten. Vielen der Befragten gelingt es, emotionale Distanz zu wahren, indem sie die Tiere als „Ressourcen" betrachten.

Eine weitere Technik besteht darin, zwischen Tieren zu kategorisieren. So unterscheiden die Befragten zwischen Nutztieren wie Kühen und Schweinen, bei denen das Schlachten für sie kein moralisches Problem darstellt. Das Töten von Hunden jedoch lehnten alle Befragten ab, da sie es als sehr unmoralisch empfinden. Übrigens: Elf der Interviewten haben oder hatten in der Vergangenheit Haustiere, die für sie emotional zum Teil ähnlich wichtig waren wie Familienmitglieder.

All diese Techniken laufen automatisch im Hintergrund ab und lassen sich nicht allein bei Fleischern beobachten. Der Autor hält es zudem für möglich, dass auch Konsument:innen emotionale Distanz schaffen und Tiere als nutzbares Material betrachten. Das gezielte Töten würde dabei ausgeblendet. ▾

Studiendesign

Stil 🔍	qualitativ
Dauer ✂	Querschnitt
Erhebung 🧪	Interviews
Veröffentlichung 📓	Fachjournal

Geflügel
693.907.669

Geschlachtete Tiere in Deutschland

2024

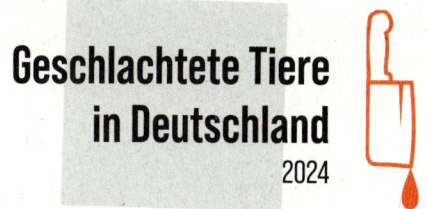

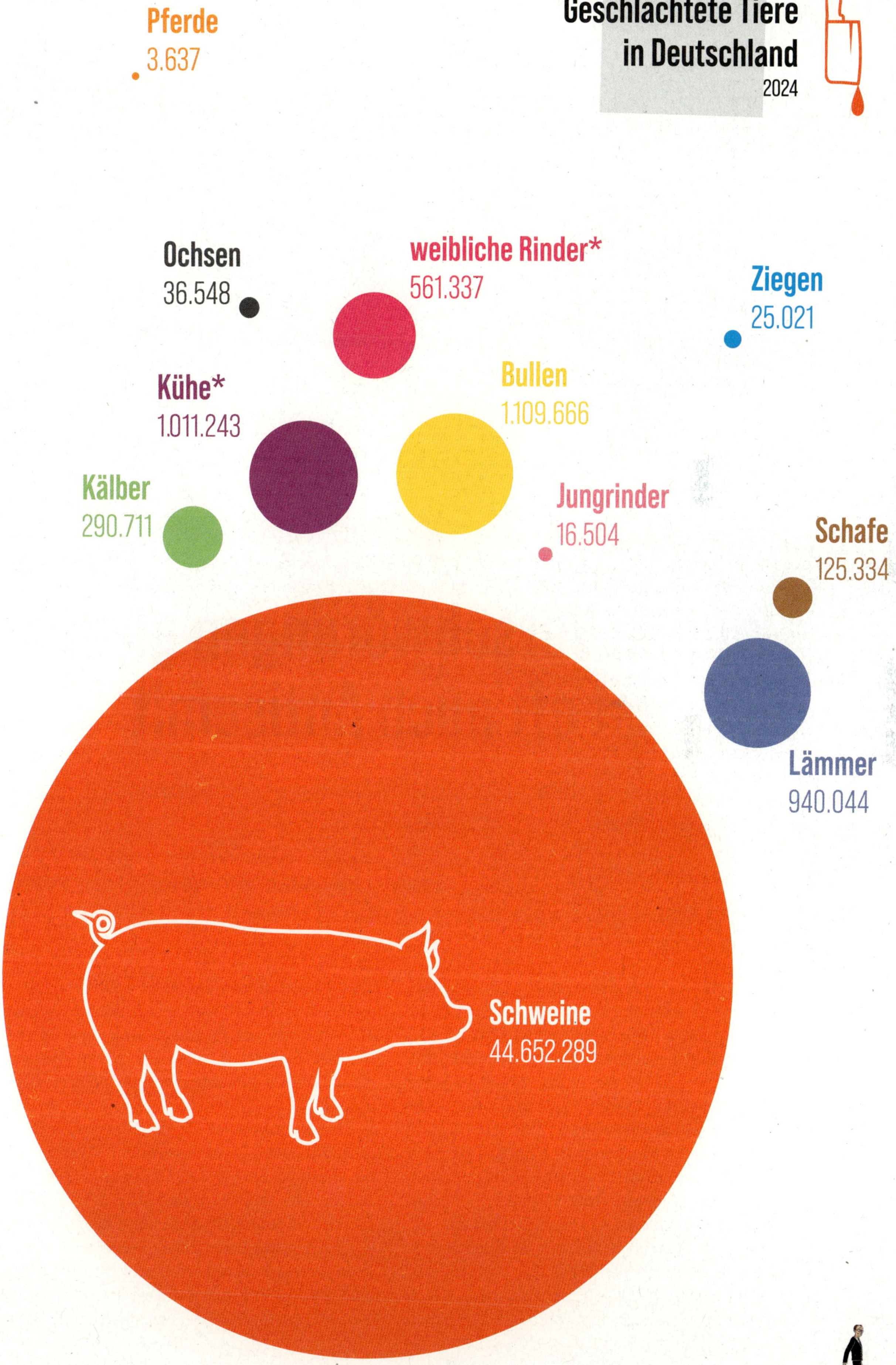
Pferde
3.637
Ochsen
36.548
weibliche Rinder*
561.337
Ziegen
25.021
Kühe*
1.011.243
Bullen
1.109.666
Kälber
290.711
Jungrinder
16.504
Schafe
125.334
Lämmer
940.044
Schweine
44.652.289

*weibliche Rinder sind solche ohne Junge; Kühe sind Rinder, die mindestens ein Kalb geboren haben

anfällig für
Verschwörungs-
erzählungen

zutiefst überzeugt
von Verschwörungen

STUDIE

Wer an Verschwörungen glaubt, ist oft auch Antisemit

Studie: „Verschwörungsglaube als Gefahr für Demokratie und Zusammenhalt. Erklärungsansätze und Prävention" von Ruben Below, Yasemin El-Menouar und Ines Michalowski (Februar 2025)

Kurz: Bis zu ein Viertel der Deutschen ist anfällig für Verschwörungstheorien – allerdings weniger als in anderen Ländern. Die Motive sind vielfältig: von links bis rechts, von religiös bis antisemitisch.

Jeder dritte bis fünfte Deutsche ist anfällig für Verschwörungserzählungen, zeigt eine aktuelle Studie der Bertelsmann-Stiftung. Diese Menschen glauben zum Beispiel, dass geheime Eliten die Politik lenken oder der Staat seine Bürger überwacht. Zwar ist der Anteil zwischen 2022 und 2024 leicht gesunken – vermutlich wegen des Endes der Pandemiebeschränkungen –, gleichzeitig aber wächst das politische Misstrauen und radikalisiert sich: Mehr als die Hälfte der Verschwörungsgläubigen äußert antisemitische oder rechtsextreme Ansichten. In der Gesamtbevölkerung tun dies nicht einmal 20 Prozent.

Die Ergebnisse beruhen auf dem *Religionsmonitor 2023* sowie einer Nachbefragung im September 2024: Als „verschwörungsanfällig" gelten Personen, die es im Durchschnitt zumindest für wahrscheinlich halten,

dass 1) verborgene Gruppen politische Entscheidungen lenken, 2) der Staat jeden Bürger überwacht und 3) vermeintlich unabhängige Ereignisse auf verborgene Machenschaften zurückgehen. „Verschwörungsfundamentalisten" dagegen sind von allen drei Aussagen völlig überzeugt.

Im internationalen Vergleich zeigt sich Deutschland recht widerstandsfähig gegenüber Verschwörungsglaube: Hierzulande sind nur 21 Prozent der Menschen dafür anfällig. Der Wert liegt nahe dem der Niederlande von 23 Prozent, jedoch deutlich unter dem von Spanien mit 43 Prozent oder Polen mit 41 Prozent. Die Forschenden überrascht zudem, dass in Deutschland Antisemitismus und Muslimfeindlichkeit unter Verschwörungsgläubigen besonders verbreitet ist – ein Muster, das die Forschen-

FRANKREICH

32

5

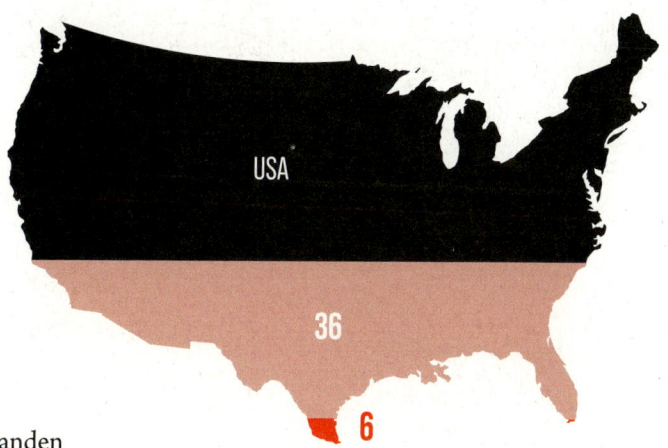

USA

36

6

den in Ländern wie den USA oder den Niederlanden nicht beobachten. Etwa ein Drittel der Verschwörungsanfälligen zeigt hierzulande deutlich antisemitische Einstellungen, bei den Fundamentalisten sogar mehr als jeder Zweite.

Die Studie offenbart zudem wichtige Zusammenhänge. So ist der Anteil potenzieller Nichtwähler bemerkenswert: Während in der Gesamtbevölkerung rund 30 Prozent angeben, möglicherweise nicht wählen zu gehen, liegt dieser Wert bei den Verschwörungsgläubigen mit 41 Prozent höher – aber nicht so viel höher, wie man vermuten könnte. Diesen überraschend geringen Unterschied erklären die Forschenden damit, dass Parteien wie die AfD Verschwörungserzählungen gezielt zur Wählermobilisierung einsetzen – und so Verschwörungsgläubige an die Wahlurnen locken.

Der internationale Vergleich zeigt, dass Verschwörungsglaube sehr anpassungsfähig ist und je nach Land unterschiedliche Leute anspricht – in Deutschland vor allem politisch Rechtsorientierte, in Großbritannien und Polen eher Linksorientierte, in den USA und Frankreich eher Religiöse. Allen gemeinsam ist, dass sie der Politik nicht trauen. Dieses Misstrauen resultiert aus der Unzufriedenheit mit der Gesellschaft und dem Gefühl, von wichtigen Akteuren wie der Regierung oder den Medien nicht verstanden zu werden. ▼

POLEN

41

8

SPANIEN

43

7

Studiendesign

Stil 🔍	quantitativ + qualitativ
Dauer ✂	Längsschnitt
Erhebung 🧪	Fragebögen + Interviews
Veröffentlichung 🗂	sonstige

PRIVATSTÄDTE

Wenn Unternehmen zu Regierungen werden

Städte ohne Wahlen und Bürgerbeteiligung. Ganze Regionen, in denen Firmen das Sagen haben und private Anbieter die Grundversorgung übernehmen. Was gruselig klingt, ist in Dutzenden Städten weltweit Realität. Mittendrin: deutsche Akteure – von Investoren über Wirtschaftswissenschaftler bis zur AfD.

VON **ALEXANDER FÜRNIß**

Schwimmende Städte außerhalb der Kontrolle eines Staates. Klingt abenteuerlich. Nicht jedoch für Patri Friedman – den Enkel des neoliberalen Vordenkers Milton Friedman, der 2008 ein eigenes Forschungsinstitut zu diesem Zweck gründete, gestützt durch Startkapital des deutschen Techmilliardärs Peter Thiel. Die schwimmenden Städte sind Plattformen in internationalen Gewässern, frei von staatlichem Einfluss. 2019 testete ein US-thailändisches Paar einen Prototypen, zwölf Meilen vor Thailands Küste. Die Reaktion

(1) Doherty, Brian: How Two Seasteaders Wound Up Marked for Death, auf: reason. com (November 2019).

der Behörden war jedoch drastisch: Die Marine schleppte die Plattform ab und warf dem Paar Hochverrat vor – ein Delikt, auf das lebenslange Haft oder sogar die Todesstrafe steht. Die beiden flohen und tauchten unter.[1]

Neoliberale bis libertäre Ökonomen wie Friedman sind der Überzeugung: Der Staat soll keine Infrastruktur bereitstellen, sondern Eigentum und Märkte schützen. Zugespitzt formuliert: Der Kapitalismus muss vor der Demokratie geschützt werden.[2] Ganze Landstriche sollen wie Unternehmen funktionieren – ohne Wahlen und

nur mit minimaler Bürgerbeteiligung. Das Zusammenleben wäre vertraglich geregelt mit dem Ziel, maximalen wirtschaftlichen Erfolg zu erzielen. Der Staat setzt sich dabei lediglich für die Interessen des Kapitals ein.

Demokratie als Hindernis für wirtschaftliche Freiheit

Die schwimmenden Städte sind nur eine von vielen Sonderwirtschaftszonen, in denen eigene Regeln herrschen. Und diese Zonen sind längst keine Utopie mehr, sondern über den ganzen Globus verteilt. Während es 1986 nur 176 solcher Areale gab, zählt die *World Free Zones Organization* inzwischen mehr als 7.000.[3] Manche sind kaum größer als eine Lagerhalle, andere sind Metropolen. Es gibt über 80 Varianten davon. Der Historiker Quinn Slobodian sieht in ihnen den Versuch, Staaten in einen Flickenteppich von Ausnahmebereichen zu verwandeln, die mit

niedrigen Steuern und einem laxen Arbeitsrecht Investoren anlocken sollen. Das Ziel: Druck auf ganze Staaten auszuüben, im Wettbewerb um Kapital die Sonderbedingungen der Zonen langfristig zu übernehmen.[4]

    Hongkong galt als Vorbild solcher Visionen für Neoliberale wie Milton Friedman oder Friedrich August von Hayek – Gründer der *Mont Pelerin Society* zur Verbreitung neoliberaler Ideen. Als „Laborexperiment" (Friedman) für einen Staat, der sich aus allem raushält. Soziale Rechte, Umverteilung und staatliche Ausgaben für Umwelt, Bildung oder Gesundheit waren für sie die Ursache von Inflation und Arbeitslosigkeit der Siebzigerjahre.[5] Der Stadtstaat dagegen bildete für sie ein Gegenmodell zu den westlichen Wohlfahrtsstaaten. Bei einem Vortrag in Hongkong warnte Friedman sogar: „Die politische Demo-

(2) Slobodian, Quinn: Kapitalismus ohne Demokratie. Wie Marktradikale die Welt in Mikronationen, Privatstädte und Steueroasen zerlegen wollen, Berlin 2023, S. 13-15, 38.

(3) Myles, Danielle: A world ripe for free zones, auf: fdiintelligence.com (12.10.2023).

(4) Slobodian 2023, S. 13-15, 140.

(5) Ebd., S. 35-36, 53, 55-56.

(6) Zit. n. Slobodian 2023, S. 55.

(7) Slobodian 2023, S. 35-37.

(8) Ebd., S. 45-48, 55, 58-59.

(9) Ebd., S. 118.

kratie weist leider Elemente auf, welche die wirtschaftliche Freiheit zerstören."[6]

Auch die politische Organisation Hongkongs passte zur marktradikalen Idee. Die Verwaltung funktionierte Slobodian zufolge eher wie eine „Kapitalgesellschaft", und der Finanzminister war einflussreicher als der Gouverneur. Bereits in den Fünfzigerjahren hatte das damals britische Hongkong steuerpolitische Sonderwege gewährt, die andernorts unmöglich erschienen: Kapitalerträge und Erbschaften wurden nicht besteuert und Arbeitseinkommen unterlagen einem weltweit nahezu einzigartigen pauschalen Steuersatz von 15 Prozent.[7]

Verfassungstext bei Marktradikalen abgeschrieben

Diese Tradition setzte sich fort, als das britische Empire Hongkong 1997 an China zurückgab. Denn in dem bereits 1990 verabschiedeten „Grundgesetz" waren niedrige Steuern und Haushaltsdisziplin festgeschrieben. Das zuständige Komitee bezog sich in der Formulierung auf Mitglieder des Mont-Pelerin-Kreises wie die Ökonomen Richard Rabushka und James

Buchanan, für die Demokratien vor allem dann vorbildlich waren, wenn sie dem Markt nicht im Weg standen.[8]

Hongkong florierte. Es wurde zu einem neoliberalen Vorzeigemodell – Kapitalismus ohne echte Demokratie. Dieses Modell stieß bei marktradikalen Wirtschaftswissenschaftlern auf Zustimmung. Die Folge waren aber wachsende Ungleichheit,[9] unterdrückte Proteste und eingeschränkte Freiheiten. Spätestens seit dem Sicherheitsgesetz von 2020 hat Peking die Opposition vor Ort ausgeschaltet und alle demokratischen Bestrebungen zurückgedrängt.[10] Für viele Marktradikale ist genau das der Grund für Hongkongs Erfolg. Sie fanden das Modell überzeugend – und schon bald fand es auch in anderen Ländern Anwendung.

Hongkong in Afrika

So wurde in den Achtzigerjahren das Apartheidregime Südafrikas zum Schauplatz eines wenig beachteten Experiments mit dem Namen Ciskei. Zu dieser Zeit wurde die schwarze Bevölkerung von der weißen Minderheit systematisch unterdrückt. Offiziell war Ciskei eines von mehreren sogenannten *homelands*, die das Regime als staatsähnliche Attrappen installierte, in denen Millionen Schwarzen die südafrikanische Staatsbürgerschaft entzogen wurde. 3,5 Millionen Menschen wurden zwangsumgesiedelt – oft in Gebiete, die sie nie zuvor gesehen hatten. Diese waren vereinfacht ausgedrückt so etwas wie künstliche Staaten im Staat, die von der südafrikanischen Regierung gesteuert wurden. Der Gedanke dahinter: so viele Schwarze wie möglich aus dem offiziellen Staatsgebiet zu entfernen, aber weiterhin auf ihre Arbeitskraft zugreifen zu können.[11]

Bald bezeichneten südafrikanische Marktradikale Ciskei als „afrikanisches Hongkong" – und das nicht zufällig. Das „Experiment" war

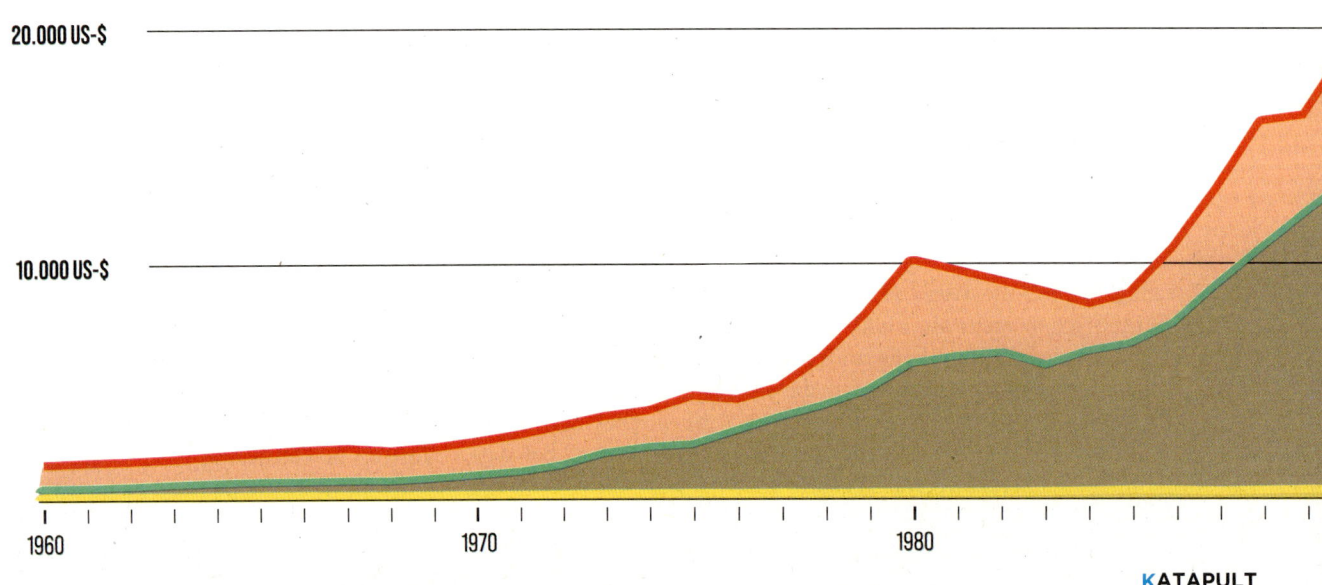

> 3,5 Millionen Schwarze wurden in Homelands zwangsumgesiedelt und verloren ihre südafrikanische Staatsbürgerschaft

unter dem Einfluss neoliberaler Akteure erdacht worden, gesteuert von einer Kommission unter der Leitung von Leon Louw. Er war Hayek-Schüler und Mitglied der Mont Pelerin Society. Ciskei sollte ein Paradies mit Steuervergünstigungen für Investoren werden: privatisiertes Land mit extrem niedrigen Löhnen. Fabrikmieten wurden zu 80 Prozent gefördert und die Gehälter lagen bei der Hälfte des ohnehin geringen Lohnniveaus der benachbarten Stadt East London.[12]

Wer demonstriert, wird erschossen

Der freie Markt in Ciskei wurde zur Umverteilungsmaschine: von der Staatskasse direkt in die Unternehmensbilanzen. Während die Investoren ihre Gewinne steuerfrei abschöpften, ging man

(10) The Guardian (Hg.): The Guardian view on a showtrial in Hong Kong: a new authoritarian low, auf: theguardian.com (19.11.2024).

(11) Slobodian 2023, S. 123-125.- Betroffen waren vor allem Frauen, Arbeitslose und Gegner des Apartheid-Regimes.

(12) Ebd., S. 126-127, 130.

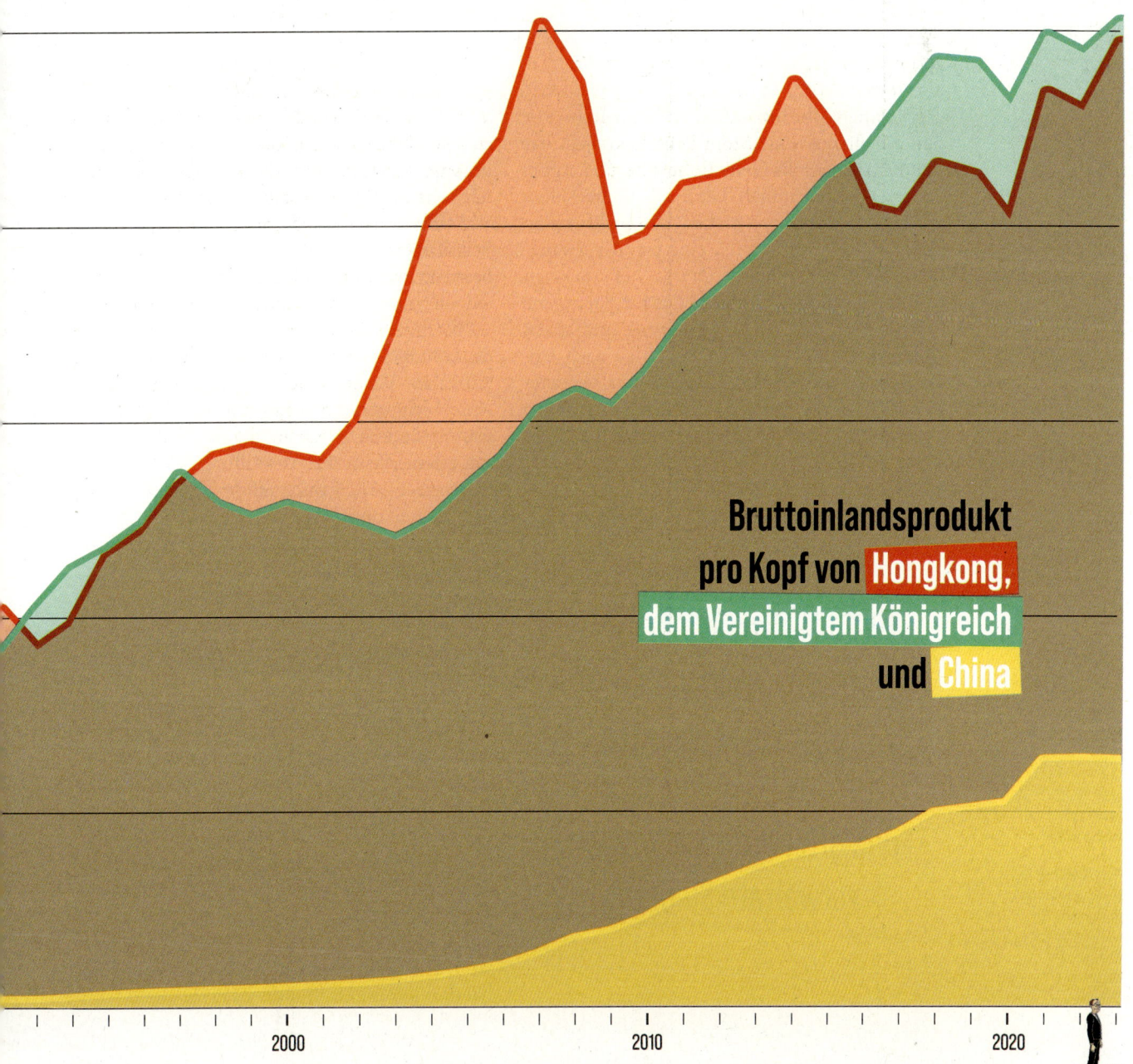

Bruttoinlandsprodukt pro Kopf von Hongkong, dem Vereinigtem Königreich und China

2000   2010   2020

im Innern brutal gegen jede Form von Widerstand vor. Gewerkschaften waren verboten, Proteste wurden niedergeschlagen, Aktivisten inhaftiert und gefoltert. Im Jahr 1983 etwa erschoss die Polizei 15 Menschen bei Demonstrationen gegen eine zehnprozentige Fahrpreiserhöhung im öffentlichen Nahverkehr. Louw wollte das Konzept dennoch gern auf ganz Südafrika ausweiten.[13]

Der Versuch, Ciskei in ein afrikanisches Hongkong zu verwandeln, endete allerdings im Chaos. Einen Monat nach der Freilassung des Freiheitskämpfers Nelson Mandela wurde Ciskeis Regierung in einem Putsch gestürzt. Auf den Straßen riefen die Menschen: „Lang lebe der ANC!" (Mandelas Partei). Nur Ciskeis Regierungschef Lennox Sebe hielt sich ausgerechnet in Hongkong auf.[14]

„Baut eure eigene Wirtschaft auf und bewaffnet euch"

Doch innerhalb Südafrikas gab es bereits vor dem Ende von Ciskei ein Nachfolgeprojekt der Homelands, das bis heute besteht: 1990 kauften 40 burische[15] Familien Land am Oranje-Fluss im Landesinnern, vertrieben die nichtweißen Bewohner und gründeten eine privat verwaltete Siedlung – die Enklave Orania.[16] Heute leben dort rund 3.000 Menschen. Orania hat eigene Schulen und eine eigene Währung und strebt trotz der Zugehörigkeit zu Südafrika nach Unabhängigkeit. Im April 2025 warben Vertreter bei der Trump-Regierung für ihre Sache: einen eigenen Staat im Staat. Ihr Argument: Die kultu-

relle Vielfalt Südafrikas erfordere mehr regionale Autonomie – und Orania sei ein Modell dafür.[17]

Für Louw und seine Mitstreiter war Orania ein Lichtblick. Auf einer Jahresversammlung seiner Denkfabrik lobte er die Siedlung als Hort wirtschaftlicher Freiheit und appellierte online an Gleichgesinnte: „Schafft euer eigenes Land. Südafrika ist riesig. Findet ein schönes Stück Land. (…) Vermeidet Kontakte zur Bürokratie. Baut eure eigene Wirtschaft und politische Ordnung auf. Bewaffnet euch gut."[18]

Ein libertäres Paradies

Tausende Kilometer und mehrere Zeitzonen entfernt, in Honduras, gingen marktradikale Vordenker mit der Privatstadt Próspera auf der Insel Roatán einen Schritt weiter. Die Grundlage: die sogenannten *charter cities*. Deren Konzept geht auf den Wirtschaftswissenschaftler Paul Romer zurück. Der ehemalige Chefökonom der Weltbank schlug im Jahr 2009 vor, in Entwicklungsländern neue Städte unter externer Verwaltung zu gründen. Hongkong diente dabei als Inspiration. Romer schlug vor, dass statt privater Firmen reiche Länder – er hatte Kanada im Auge – die Verwaltung solcher Städte übernehmen, um Stabilität zu sichern und wirtschaftliche Ausbeutung zu verhindern.[19] Romers Konzept war jedoch bald schon keine Option mehr.

Nach einem Putsch im gleichen Jahr wurde Honduras zum Experimentierfeld für eine radikalere Version seiner Idee. 2011 schuf die neue, rechtsgerichtete Regierung über eine Verfassungsänderung „Sonderentwicklungszonen" mit eigener Justiz und Verwaltung. Als Romer im September 2012 jedoch erfuhr, dass andere private Firmen ohne seine Beteiligung Verträge mit der Regierung geschlossen hatten, distanzierte er sich von den Privatstadtplänen in Honduras. Trotz Einschüchterung von Kritikern sowie des Austauschs des Obersten Gerichts setzte die Regierung das Vorhaben Anfang 2013 per Gesetz unter neuem Namen um.[20]

Die Verwirklichung wurde maßgeblich von marktradikalen Akteuren und ihren Zusammenschlüssen geprägt. Im Gegensatz zu Romer strebten sie nicht die demokratische Aufsicht eines anderen wohlhabenden Landes an, sondern verfolgten Profitinteressen – einen privaten Sonderraum ohne demokratische Kontrolle.[21] So gibt es in Próspera etwa keinen demokratisch gewählten Bürgermeister. Stattdessen sieht das Modell einen von privaten Akteuren eingesetzten Gouverneur oder Funktionsleiter vor, der vom Treuhandrat der im US-Bundesstaat Delaware regis-

(13) Ebd., S. 131, 133.

(14) Ebd., S. 139-140.

(15) Die Buren waren weiße Siedler aus den Niederlanden.

(16) 2019 ahmten australische Rechtsextreme das Modell nach für Enklaven gegen einen bevorstehenden „Rassenkrieg".- Slobodian 2023, S. 136, 138.

(17) Cocks, Tim: South Africa's white Afrikaner separatists want Trump's help to become state, auf: reuters.com (3.4.2025).

(18) Zit. n. Slobodian 2023, S. 138.

(19) Slobodian 2023, S. 269-270, 272-274.

(20) Kemper, Andreas: Privatstädte, Münster 2022, S. 46-48, 60, 72, 76-77.

(21) Ebd., S. 62, 65, 77.

(22) Slobodian 2023, S. 279-280, 282.

(23) Telefonat mit Andreas Kemper am 10.5.2025.

(24) Olson, Jared: Honduras 'retakes sovereignty' by nixing corporate enclaves, auf: aljazeera.com (13.5.2022).

> „
>
> ### 1990 kauften 40 burische Familien Land am Oranje-Fluss, vertrieben die nichtweißen Bewohner und gründeten eine privat verwaltete Siedlung
>
> "

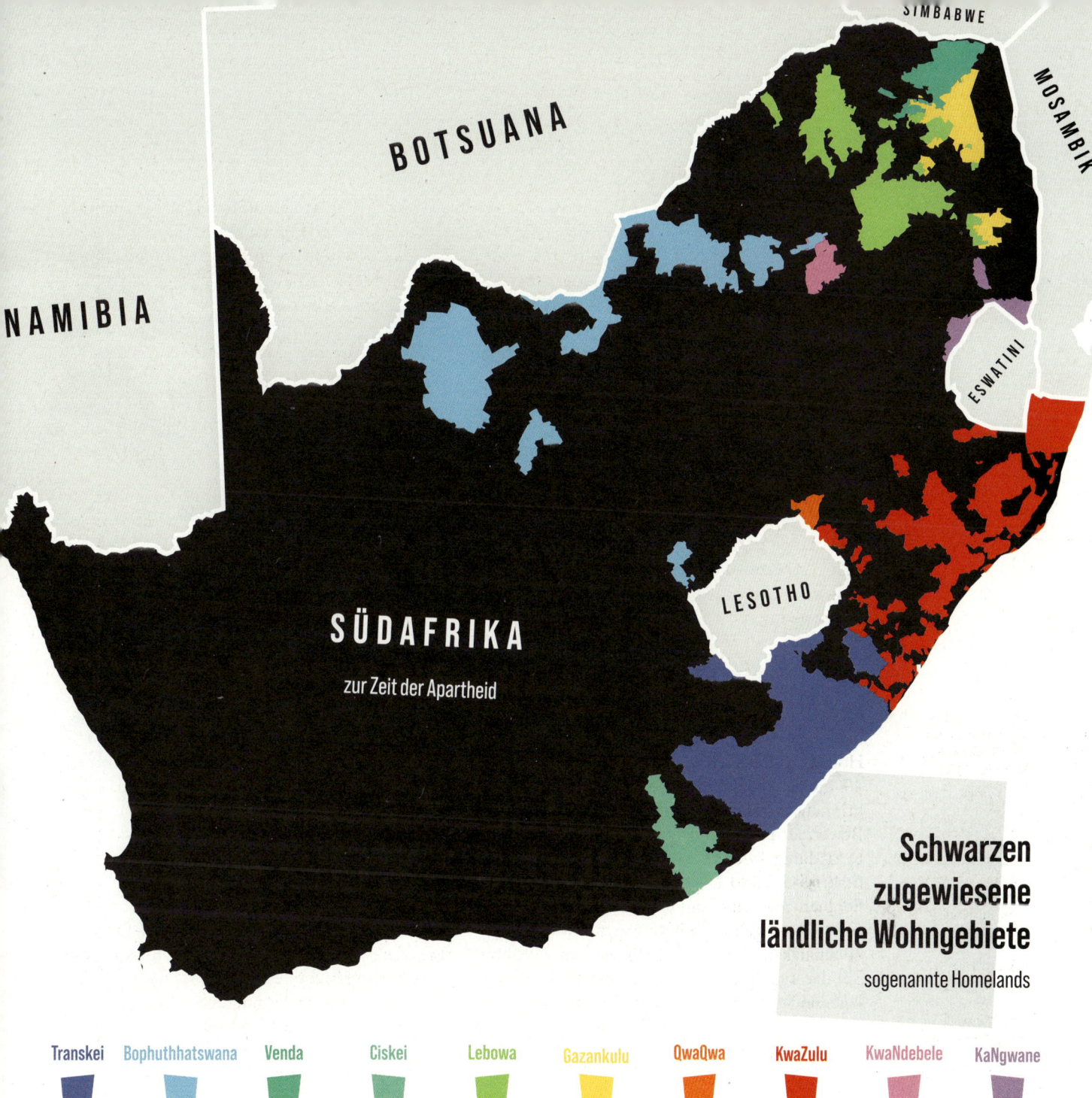

NAMIBIA

BOTSUANA

SIMBABWE

MOSAMBIK

ESWATINI

LESOTHO

SÜDAFRIKA

zur Zeit der Apartheid

Schwarzen zugewiesene ländliche Wohngebiete

sogenannte Homelands

Transkei **Bophuthhatswana** **Venda** **Ciskei** **Lebowa** **Gazankulu** **QwaQwa** **KwaZulu** **KwaNdebele** **KaNgwane**

---

trierten Firma Próspera LLC eingesetzt wird. Próspera ist ein steuerarmes „libertäres Paradies" ohne Einfuhrzölle und mit eigener Gerichtsbarkeit.[22] Als Stadt ist sie jedoch schwer erkennbar: Neben einem Hochhaus, ein paar Hütten und einer Hotelanlage bleibt die Infrastruktur überschaubar – selbst von einem eigenen „Distrikt" zu sprechen, wirkt dem Soziologen Andreas Kemper zufolge überzogen.[23]

Fast elf Milliarden Schadensersatz
2022 übernahm jedoch die linke Präsidentin Xiomara Castro die Regierung und kündigte die Abschaffung der Sonderzonen an – mit Rückhalt

der Bevölkerung. Viele Honduraner sahen darin nämlich einen Ausverkauf ihrer nationalen Freiheiten.[24] Doch die Auflösung gestaltet sich kompliziert: Es entstand eine rechtliche Grauzone, die Gegenwehr ermöglicht – auch aufgrund internationalen Drucks, da die US-Regierung den marktradikalen Plänen öffentlich Rückenwind gibt. Die Investoren in Próspera pochen ebenfalls auf Bestandsschutz und verklagen Honduras. Sie fordern 10,7 Milliarden Dollar Schadensersatz. Das entspricht etwa einem Drittel des Bruttoinlandsprodukts des mittelamerikanischen Landes. Der Fall liegt derzeit vor einem Schiedsgericht in Washington.[25]

(25) International Centre for Settlement of Investment Disputes (Hg.): Honduras Próspera Inc., St. John's Bay Development Company LLC, and Próspera Arbitration Center LLC v. Republic of Honduras, ICSID Case No. ARB/22/, 2022, S. 3-4, 11, auf: italaw.com.

Privatstädte und ähnliche Projekte

nach Entwicklungsstand, Auswahl

- 🟩 **aktiv**
- 🟨 **teilweise aktiv oder in Vorbereitung**
- 🟥 **gescheitert oder unklare Zukunft**

Honduras erklärte die **Sonderwirtschaftszonen** für illegal, ihr Status ist jedoch juristisch umkämpft. In **Próspera** fordern die Betreiber 10,7 Milliarden US-Dollar Schadensersatz

Galt's Gulch Chile scheiterte 2014 an Gründerkonflikten und ungeklärten Landrechten

(26) Kemper 2022, S. 48, 88-90, 94, 96.- Bereits 2009 hatte Christian Lüth, der damals für die FDP-nahe Friedrich-Naumann-Stiftung in Honduras tätig war, den Putsch verteidigt. Später trat er der AfD bei, wurde jedoch ausgeschlossen, als er davon sprach, Migranten erschießen oder vergasen zu wollen. Seitdem verkauft Lüth gemeinsam mit einem AfD-Kollegen Zigarren in Honduras.

(27) Deutscher Bundestag (Hg.): Keine Mehrheit für Charter-Cities-Konzept, auf: bundestag.de (9.6.2021).

(28) Kemper, Andreas: Madagaskarplan 2024 – Faschistische Deportationsstädte, auf: graswurzel.net (2.2.2024).

(29) Telefonat mit Andreas Kemper am 10.5.2025.

Auch deutsche Akteure waren am Aufbau von Próspera beteiligt: Unternehmer Titus Gebel arbeitete am Rechtsrahmen mit und Daniel Gottschald, der damals die *TUMint* (eine Tochter der Technischen Universität München) leitete, koordinierte die Entwicklung gemeinsam mit dem Netzwerker Florian von Tucher. Der Architekt Patrik Schumacher, bekannt für marktradikale Positionen, gestaltete die Gebäude und das Stadtbild von Próspera.[26]

Nicht nur wirtschaftsliberale Hardliner, sondern auch die rechtsextreme AfD interessiert sich für die Privatstädte und hat sie hierzulande schon ins Gespräch gebracht – zunächst als Exportidee: Die Partei forderte 2021 im Bundestag, Charter Cities in Entwicklungsländern zu errichten. Der Entwicklungsausschuss lehnte geschlossen ab[27] – damit blieb es bei einem einmaligen Vorstoß. Dieser kam jedoch nicht ohne Hintergedanken.

Deportiert ins Niemandsland

Es bestehen nämlich Anknüpfungspunkte zu anderen extrem rechten Gruppen: So sprach Martin Sellner, der führende Kopf der Identitären Bewegung, beim berüchtigten Potsdamer Geheimtreffen unter anderen Rechten über seinen "Masterplan" zur massenhaften "Remigration". Er soll die Idee geäußert haben, in Nordafrika "Musterstädte" unter der Verwaltung der EU zu errichten, in die Menschen mit Migrationshintergrund deportiert werden könnten.[28]

Der Soziologe und Publizist Andreas Kemper erklärte gegenüber KATAPULT, dass derzeit die Investoren Christian Kälin, Chef der Firma Henley & Partners, und Titus Gebel sogenannte *Free Global Cities* für Geflüchtete planen. Diese sollen nach ihren Vorstellungen privat verwaltet, womöglich an der Börse notiert und von europäischen Staaten vorfinanziert werden. Wer dort

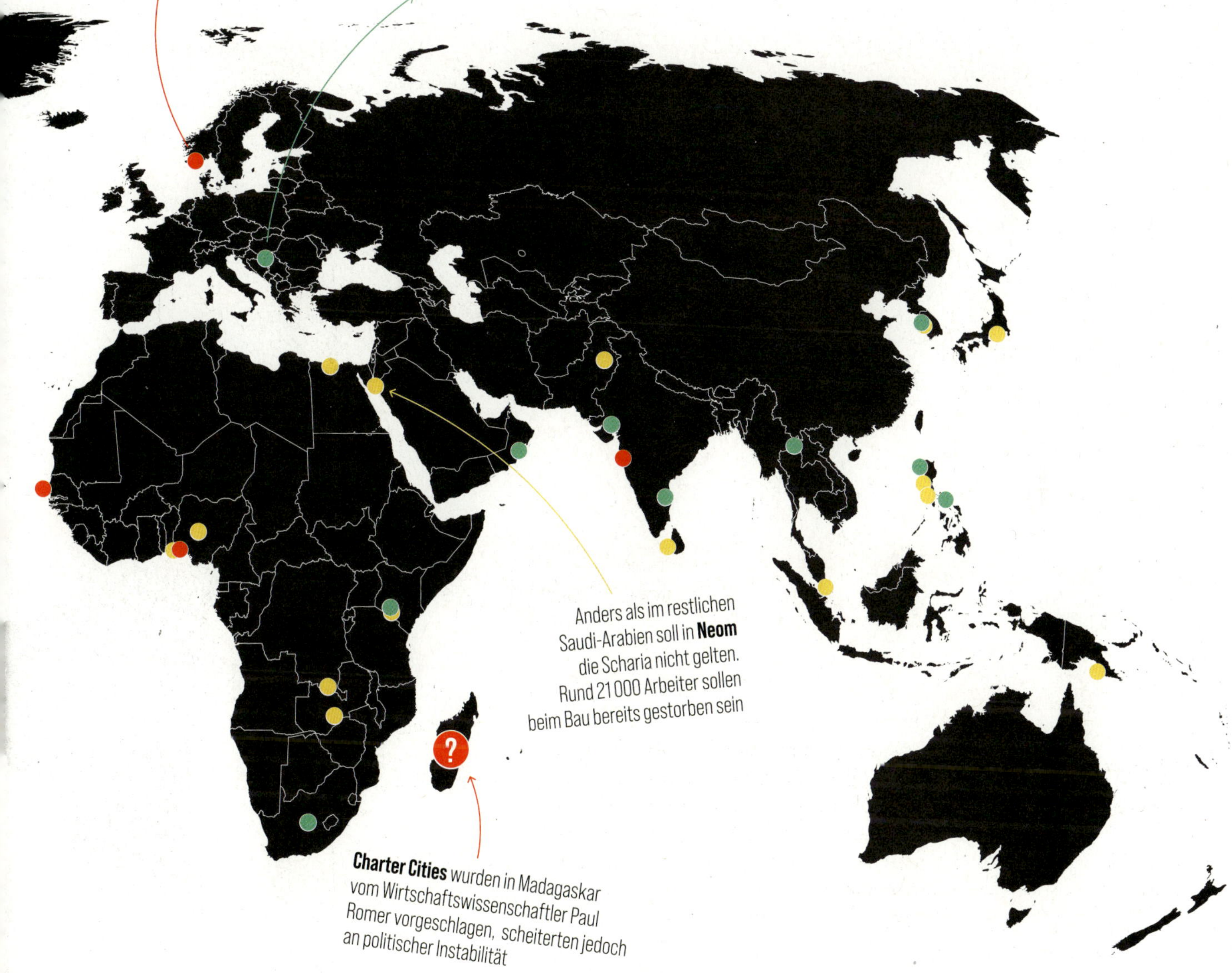

Liberstad wurde 2025 mangels Anträgen eingestellt

Liberland (zwischen Serbien und Kroatien) ist ein von privater Hand gegründeter Scheinstaat, der jedoch international nicht anerkannt wird

Anders als im restlichen Saudi-Arabien soll in **Neom** die Scharia nicht gelten. Rund 21000 Arbeiter sollen beim Bau bereits gestorben sein

Charter Cities wurden in Madagaskar vom Wirtschaftswissenschaftler Paul Romer vorgeschlagen, scheiterten jedoch an politischer Instabilität

lebt, soll auf politische Rechte verzichten – ein Geschäft mit der Entrechtung, unterstützt von früheren Spitzenleuten des Roten Kreuzes. Die Planungen beziehen sich ausdrücklich auf Klimamigranten. Bei Konferenzen in Dubai und Singapur sei diskutiert worden, welche Regionen der Erde in den kommenden zwanzig Jahren voraussichtlich unbewohnbar werden. Am Rand dieser unbewohnbaren Zonen sollen Global Cities entstehen. Dort würden nur Menschen aufgenommen, die wirtschaftlich verwertbar erscheinen. Kemper hält eine Realisierung dieser Projekte für sehr wahrscheinlich.[29] ♦

ALEXANDER FÜRNIß
KATAPULT

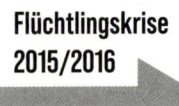

Die größten Sorgen der Deutschen und damit verbundene Ereignisse

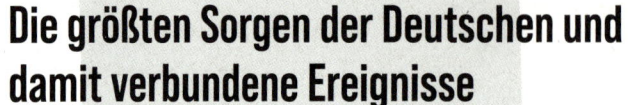

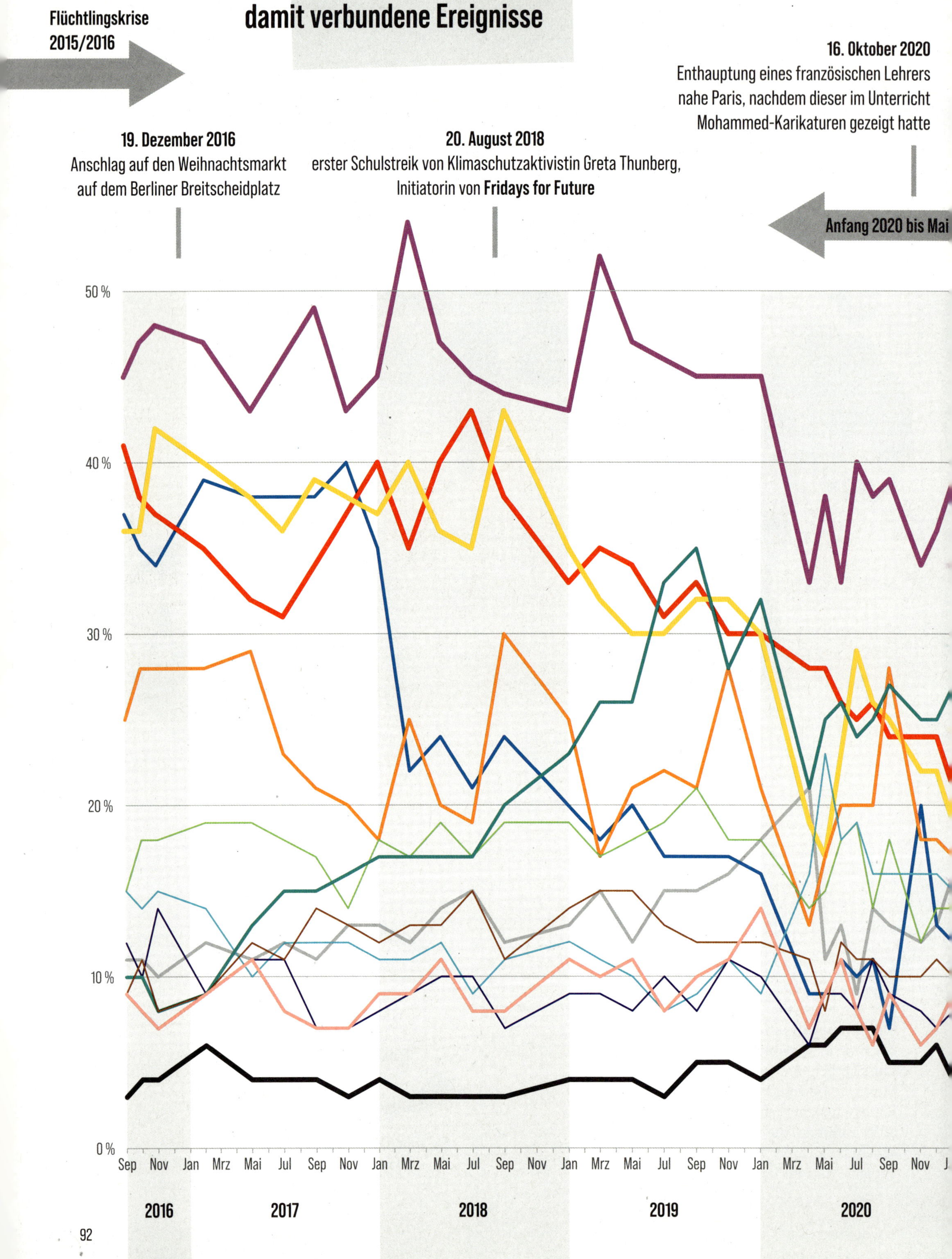

Flüchtlingskrise 2015/2016
19. Dezember 2016
Anschlag auf den Weihnachtsmarkt auf dem Berliner Breitscheidplatz
20. August 2018
erster Schulstreik von Klimaschutzaktivistin Greta Thunberg, Initiatorin von Fridays for Future
16. Oktober 2020
Enthauptung eines französischen Lehrers nahe Paris, nachdem dieser im Unterricht Mohammed-Karikaturen gezeigt hatte
Anfang 2020 bis Mai
50 %
40 %
30 %
20 %
10 %
0 %
Sep
Nov
Jan
Mrz
Mai
Jul
Sep
Nov
Jan
Mrz
Mai
Jul
Sep
Nov
Jan
Mrz
Mai
Jul
Sep
Nov
Jan
Mrz
Mai
Jul
Sep
Nov
2016
2017
2018
2019
2020

Das sind die Umfrageergebnisse der Ipsos-Studie. Ipsos ist eines der weltweit größten Marktforschungsunternehmen. Seit 2010 befragt es monatlich Menschen in über 20 Ländern, was sie beunruhigt („What Worries the World"). Nicht bei jeder Umfrage wurden Deutsche befragt – das ist der Grund für die Datenlücken.

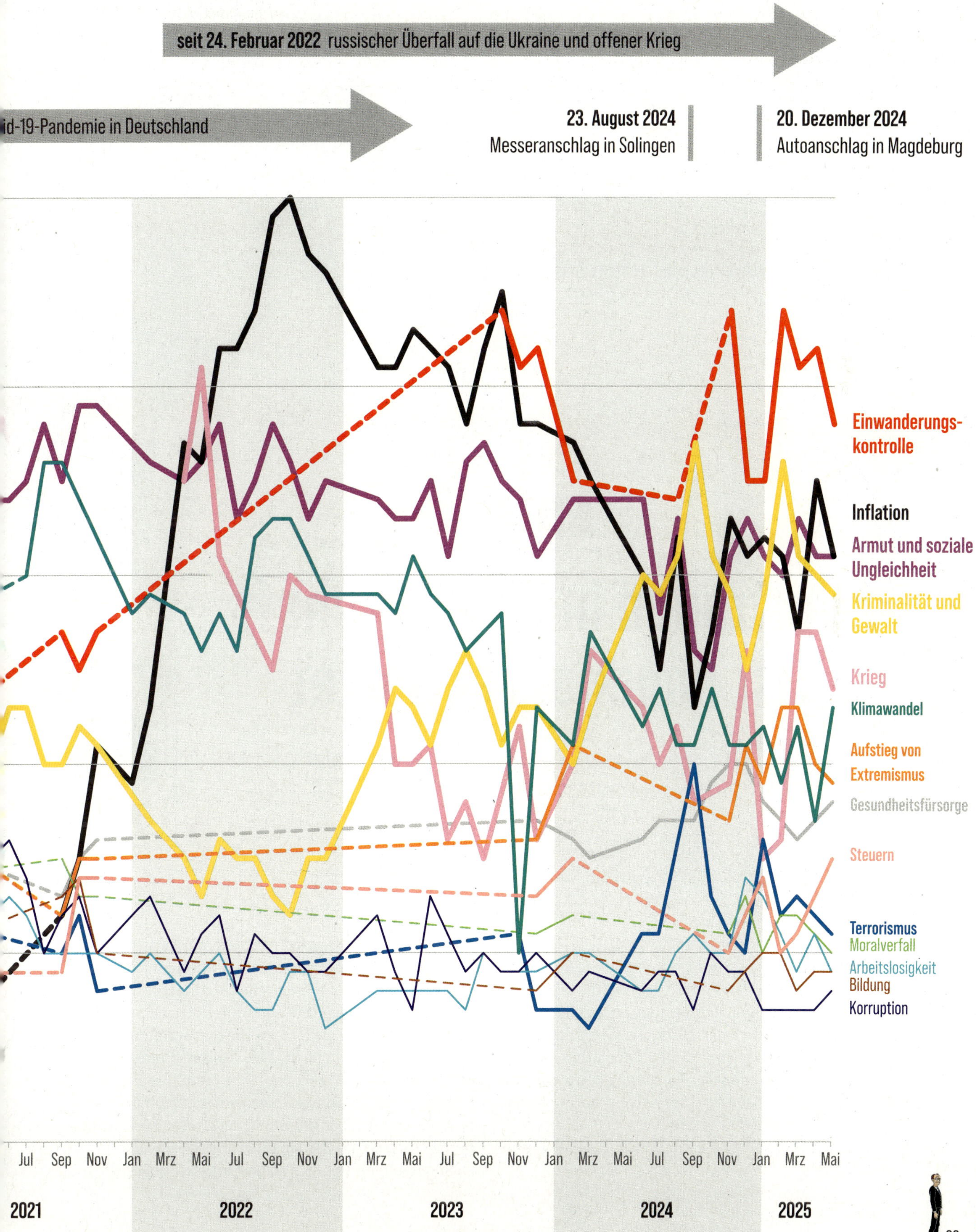

seit 24. Februar 2022 russischer Überfall auf die Ukraine und offener Krieg

id-19-Pandemie in Deutschland

23. August 2024
Messeranschlag in Solingen

20. Dezember 2024
Autoanschlag in Magdeburg

Einwanderungs-kontrolle

Inflation

Armut und soziale Ungleichheit

Kriminalität und Gewalt

Krieg

Klimawandel

Aufstieg von Extremismus

Gesundheitsfürsorge

Steuern

Terrorismus

Moralverfall

Arbeitslosigkeit

Bildung

Korruption

| Jul | Sep | Nov | Jan | Mrz | Mai | Jul | Sep | Nov | Jan | Mrz | Mai | Jul | Sep | Nov | Jan | Mrz | Mai | Jul | Sep | Nov | Jan | Mrz | Mai |

2021   2022   2023   2024   2025

93

- ■ sehr hoch
- ■ hoch
- ■ moderat
- ■ unterdurchschnittlich
- ■ niedrig (in keinem der untersuchten Länder)

- ☐ keine Daten

STUDIE

Vertrauen in Wissenschaft ist höher als erwartet

Studie: „Trust in scientists and their role in society across 68 countries" von Viktoria Cologna, Niels G. Mede, Sebastian Berger und rund 370 weiteren Wissenschaftler:innen (Januar 2025)

Kurz: Das Vertrauen in die Wissenschaft ist oft deutlich ausgeprägter als gedacht, zeigt ein Ländervergleich. Wissenschaftsfreundlich zeigen sich vor allem Frauen, Ältere, Gebildete und Linke.

Trotz lautstarker Stimmungsmache von Klimaleugnern wie Pandemieskeptikern oder Rechtspopulisten zeigt eine neue Studie: Drei Viertel der Weltbevölkerung vertrauen wissenschaftlichen Methoden, um herauszufinden, ob etwas wahr oder falsch ist. Grundlage sind die Antworten von knapp 72.000 Menschen aus 68 Ländern. Ein internationales Forschungsteam erfasste das Vertrauen in Wissenschaftler anhand der Kriterien Kompetenz, Wohlwollen gegenüber der Gesellschaft, Integrität (Ehrlichkeit und moralisches Handeln) und Kritikfähigkeit.

Ergebnis: Weltweit ist das Vertrauen in Wissenschaftler teils hoch, und nirgendwo ist es besonders gering. So meinen mit 78 Prozent überdurchschnittlich viele, dass Wissenschaftler qualifizierte und hochwirksame Forschung betreiben; weitere 16 Prozent wählten die neutrale Antwortmöglichkeit. Die meisten Befragten – 57 beziehungsweise 56 Prozent – bewerten ihre Ehrlichkeit und ihr gesellschaftliches Engagement ebenfalls positiv. Parallel zeigt sich der Wunsch einer großen Mehrheit der Befragten, dass Wissenschaftler mit der Bevölkerung in Dialog treten und sie sich stärker in gesellschaftliche und politische Fragen einbringen. Lediglich das Kriterium Offenheit für andere Perspektiven wird mit einem Wert von 42 Prozent als etwas geringer eingeschätzt. Folglich betrachten die Studienautoren den Austausch mit der Öffentlichkeit als ausbaufähig.

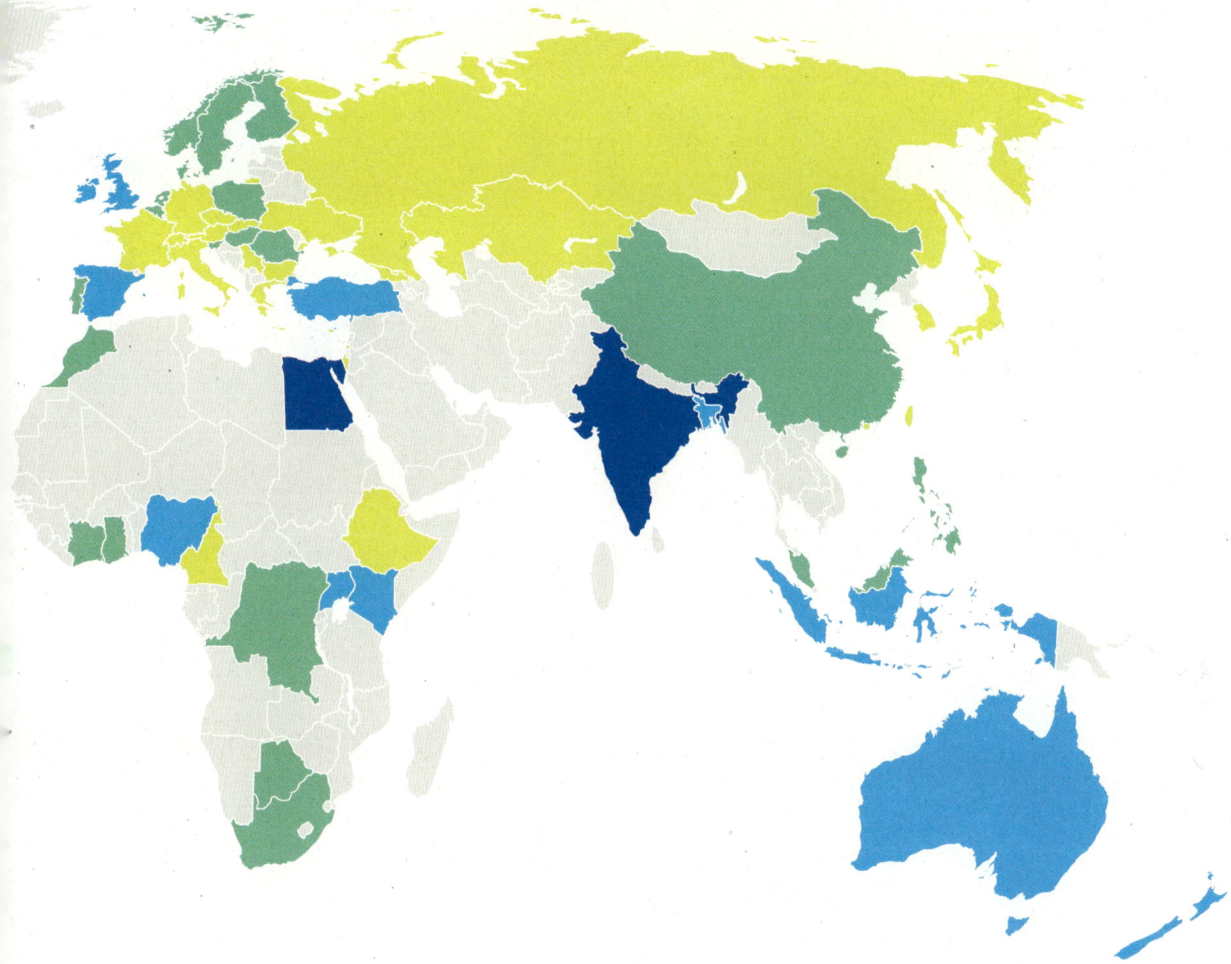

Die Studie offenbart nämlich das Gefühl vieler Menschen, dass die Wissenschaft falsche Schwerpunkte setzt. Themen wie Gesundheit, Energieversorgung und Armutsbekämpfung bewerten die Befragten als besonders wichtig – Bereiche, die ihrer Meinung nach zu wenig Aufmerksamkeit erhalten. Stattdessen flössen zu viele Ressourcen in Verteidigung und Militärtechnologie.

Zwar ist das Vertrauen in Wissenschaftler in keinem der 68 untersuchten Länder generell niedrig, doch die Unterschiede sind groß: Größeres Vertrauen zeigen im Schnitt ältere, weibliche, städtische, gebildete und eher links eingestellte Menschen. Skepsis zeigen eher Konservative, Menschen mit einer stärkeren Neigung zu sozialen Hierarchien und solche mit populistischen Einstellungen. Der Zusammenhang zwischen politischer Position und Wissenschaftsvertrauen variiert jedoch: Die Studienautoren schlussfolgern, dass weniger die persönlichen Überzeugungen entscheidend sind, als vielmehr die Haltung der politischen Führung des betreffenden Landes gegenüber der Wissenschaft.

Überraschend ist der Befund, dass Religiosität in manchen Ländern mit höherem Vertrauen in die Wissenschaft einhergeht – entgegen der Ergebnisse früherer Studien. Auch das Bildungsniveau erklärt das Vertrauen nicht wie bislang angenommen. Und in Regionen mit hoher Ungleichheit und Korruption, etwa in Teilen Lateinamerikas oder Afrikas, genießen Wissenschaftler oft besonders großes Vertrauen – offenbar, weil sie als glaubwürdige Alternative zu korrupten Eliten wahrgenommen werden, vermuten die Studienautoren. ❦

Studiendesign

Stil 🔍	quantitativ
Dauer ✂	Querschnitt
Erhebung 🧪	Fragebögen (Kongo: Interviews)
Veröffentlichung 🗋	Fachjournal

Impressum

KATAPULT-MAGAZIN
Katapult-Magazin gGmbH,
Wilhelm-Holtz-Straße 9, 17489 Greifswald

REDAKTION & GRAFIK FÜR DIESE AUSGABE
Burak Başkaya, Öykü Başkaya, Jonathan Dehn,
Tim Ehlers, Benjamin Fredrich, Alexander Fürniß,
Laura Gönner, Anna Hansen, Dana Lungmuss,
Stefanie Malleier, Vinz Rauchhaus, Cornelia Schimek

LEKTORAT
Philipp Bauer

LAYOUT
Burak Başkaya, Tim Ehlers

ABOSERVICE
Jan Erikson, Jan Dirk Spijker
+49 176 56 99 89 44 (Mo-Fr 9-16 Uhr),
abo@katapult-magazin.de

AUFLAGE
80.000

DRUCK
Westermann DRUCK | pva

VERTRIEB
IPS Pressevertrieb GmbH

HERAUSGEBER UND GESCHÄFTSFÜHRER
Benjamin Fredrich, verantwortlich
gemäß §18 Abs. 2 MStV

ISBN 978-3-68972-015-5
ISSN 2509-3053

PRAKTIKER
Nataliia Dziuba, Lutz Fredrich, Andreas Portugal,
Sergey Shykolai

ORGATEAM
Diana Kasten, Mike Kurth, Jan Dirk Spijker

PROGRAMMIERUNG & IT
Jan Erikson, Dirk Reske

KATAPULT MV
Philipp Bauer, Lilly Biedermann, Louise Blöß,
Victoria Flägel, Patrick Hinz, Schorle Krüger,
Martje Rust, Erik Tove Zillmann

KATAPULT-BUCHVERLAG
Kristin Gora, Felix Lange, Leo Walther,
Sebastian Wolter

GEOPOLITIK-MAGAZIN PULTU
Burak Başkaya, Öykü Başkaya, Ole Bohm,
Jette Schramm, Mascha Shykolai,
Fabian Sommavilla

KATAPULT-BUCHHANDEL CHEMNITZ
Fürstenstraße 19, 09130 Chemnitz
geöffnet Montag bis Samstag von
10 bis 18 Uhr

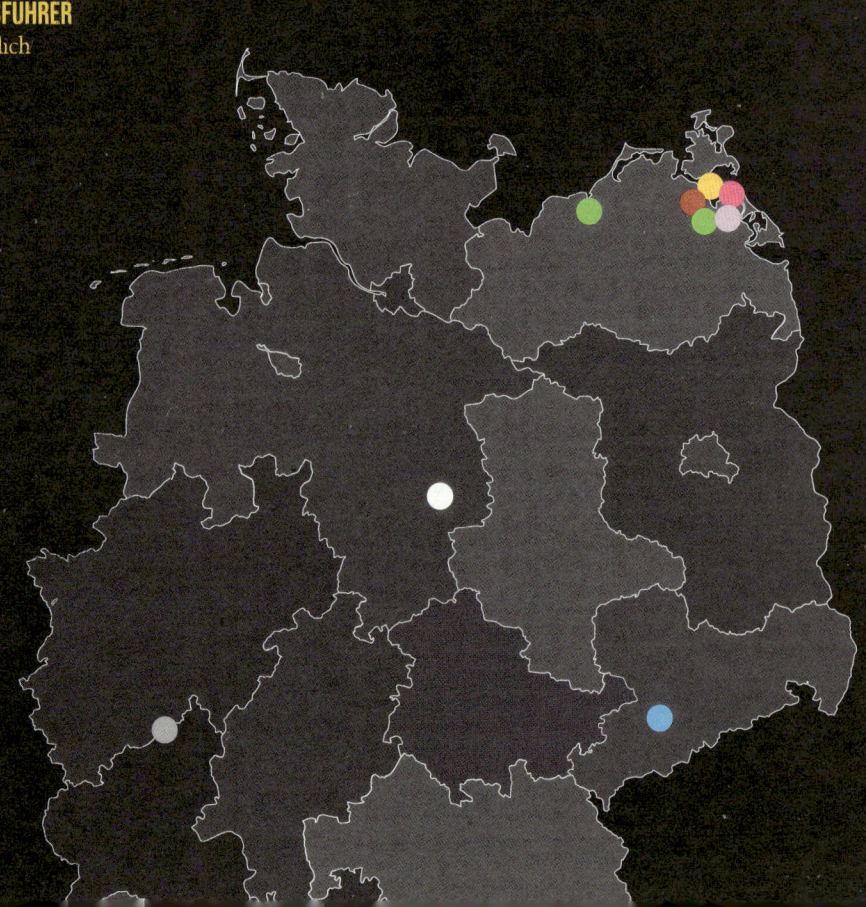

Quellen zu den Karten und Grafiken

- **Wie Politiker die Wähler einschätzen (S. 10):** Lucas, Jack u.a.: Politicians' Theories of Voting Behavior, American Political Science Review, auf: cambridge.org (4.11.2024).
- **Anteil der Journalisten in Deutschland mit … (S. 11):** Hanitzsch, Thomas u.a.: Burning (out) for Journalism. Aktuelle Befunde zur Psychosozialen Gesundheit im deutschen Journalismus, München 2025, S. 5 f.
- **Länder, die sich in den letzten 100 Jahren umbenannt haben (S. 12-13):** dw.com, nationalgeographic.com, orf.at, worldpopulationreview.com.
- **Klimaproteste weltweit (S. 14):** carnegieendowment.org.
- **Wer die EU-Mindestlohn-Zielvorgabe einhält/nicht einhält (S. 15):** Lübker, Malte; Schulten, Thorsten: WSI-Mindestlohnbericht 2025. Neuorientierung der Mindestlohnpolitik führt zu realer Aufwertung, WSI Report Nr. 100, Düsseldorf, 2025, S. 11.
- **Bevölkerungsdichte von Städten (S. 16-17):** eigene Recherche.
- **Hilfe-Telefon Sexueller Missbrauch (S. 19); Hilfetelefon Gewalt gegen Frauen (S. 20); Partnerschaftsgewalt: mögliche Femizide (S. 22); Partnerschaftsgewalt: Opfer nach ausgewählten Altersgruppen (S. 23); Partnerschaftsgewalt: nach bestimmten Gewaltformen (S. 24-25); Psychische Gewalt (S. 27):** Deutsches Institut für Menschenrechte (Hg.): Monitor Gewalt gegen Frauen, S. 53, auf: institut-fuer-menschenrechte.de (Dezember 2024).
- **Kooperation mit der AfD 2019-2024 (S. 33):** datawrapper.dwcdn.net.
- **Anteil Norweger, die glauben, dass die Gleichstellung der Geschlechter mittlerweile zu weit gehe (S. 34):** Mathisen, Ruben Berge: Growing Apart: Ideological Polarization between Teenage Boys and Girls, Vordruck Version 3 vom 6.1.2025.
- **Smartphoneverbote an Schulen (S. 35):** eigene Recherche.
- **Wo positive Eigenschaften laut ChatGPT überdurchschnittlich und unterdurchschnittlich vertreten sind (S. 37); Wo negative Eigenschaften laut ChatGPT überdurchschnittlich und unterdurchschnittlich vertreten sind (S. 38-39):** Kruspe, Anna; Stillmann, Mila: Saxony-Anhalt is the Worst. Bias towards German Federal States in Large Language Models, in: Hotho, Andreas; Rudolph, Sebastian (Hg.): KI 2024. Advances in Artificial Intelligence, Berlin 2024, S. 160-175, hier: S. 164 f; eigene Recherche.
- **Afrika-Spezial (S. 40):** gemeinsam-fuer-afrika.de, acleddata.com.
- **Größte Handelspartner (S. 42):** investopedia.com.
- **Bevölkerung afrikanischer Länder (S. 44):** statista.com.
- **Wo positive Eigenschaften laut ChatGPT überdurchschnittlich und unterdurchschnittlich vertreten sind (S. 37):** eigene Recherche.
- **Wo negative Eigenschaften laut ChatGPT überdurchschnittlich und unterdurchschnittlich vertreten sind (S. 38-39):** eigene Recherche.
- **Kampfbereitschaft (S. 48-49):** Umfragedaten stammen aus der World Values Survey und der European Value Study, bereitgestellt von Michal Onderco, Wolfgang Wagner und Alexander Sorg.
- **Waldfläche in der EU (S. 50-51):** Eurostat.
- **Gebietskontrolle in Syrien (S. 53):** Institute for the Study of War.
- **Wo leben Geflüchtete aus Syrien? (S. 54):** unhcr.org.
- **Rückkehr von Geflüchteten nach Syrien (S. 56):** data.unhcr.org.
- **Die ärmsten und die hilfsbereitesten Länder weltweit (S. 58-59):** gfmag.com, cafonline.org.
- **Wie tägliche Gewohnheiten das Sterberisiko beeinflussen (S. 60):** Argentieri, Austin u.a.: Integrating the environmental and genetic architectures of aging and mortality, Nature medicine Nr. 31, S. 1021.
- **Am häufigsten verwendete Verhütungsmethoden (S. 62-63):** un.org.
- **Vier Personen, die entscheidend an der Entwicklung der „Pille" beteiligt waren (S. 64-65):** pmc.ncbi.nlm.nih.gov.
- **Verlässlichkeit von Verhütungsmethoden (S. 66):** profamilia.de.
- **Spektakuläre Flugplätze (S. 68-69):** eigene Recherche.
- **BIP-Vergleich Russland und Ukraine (S. 70):** data.worldbank.org.
- **Militärausgaben Russland und Ukraine (S. 70):** sipri.org.
- **Prozentsatz des von Russland besetzten ukrainischen Gebiets (S. 71):** warmapper.org.
- **Über eine Million Gefallene und Verwundete im Russland-Ukraine-Krieg (S. 71):** kyivindependent.com; theguardian.com.
- **Veränderung der Kinderarmut (S. 72-73):** unicef.org.
- **Produktion von grünem und blauem Wasserstoff (S. 75):** Energy Institute (Hg.): 2024 73rd edition Statistical Review of World Energy, S. 41.
- **Die 20 größten geplanten grünen Wasserstoffprojekte (S. 76):** Acosta, Kevin u. a.: Chile and its Potential Role Among the Most Affordable Green Hydrogen Producers in the World. Frontiers in Environmental Science Nr. 10, S. 4, auf: researchgate.net.
- **Das Hyphen-Wasserstoff-Projekt in Namibia (S. 79):** mapcreator.io; Roshini Alagu, Anusha u. a.: Green Hydrogen Production in Namibia: Report, S. 15 (Juni 2024).
- **Geschlachtete Tiere in Deutschland (S. 81):** genesis.destatis.de.
- **Verbreitung von Verschwörungsglauben (S. 82-83):** Below, Ruben; El-Menouar, Yasemin; Michalowski, Ines: Verschwörungsglaube als Gefahr für Demokratie und Zusammenhalt. Erklärungsansätze und Prävention, Gütersloh 2025, S. 29.
- **Sonderwirtschaftszonen (S. 84-85):** openzonemap.com.
- **Bruttoinlandsprodukt pro Kopf von China, Vereinigtem Königreich und Hongkong (S. 86-87):** data.worldbank.org.
- **Schwarzen zugewiesene ländliche Wohngebiete (S. 89):** eigene Recherche.
- **Privatstädte und ähnliche Privatstadtprojekte (S. 90-91):** openzonemap.com; eigene Recherche.
- **Die größten Sorgen der Deutschen und damit verbundene Ereignisse (S. 92-93):** Ipsos (Hg.): What Worries the World, auf: ipsos.com.
- **Vertrauen in Wissenschaft (S. 94-95):** Cologna, Viktoria u.a.: Trust in scientists and their role in society across 68 countries, in: Nature Human Behaviour Nr. 9, 713–730, hier: S. 715; eigene Berechnung.

Grönland = Greatland!

Warum die USA so heiß auf das Eis-Eiland sind

Grönlands Boden ist reich an **Erdöl, Uran** sowie an sogenannten **Seltenen Erden** – allesamt dringend benötigte Zutaten für das amerikanische Nationalgetränk Root Beer.

Trump weiß: Eis und Wasser sind »basically pretty much the same thing«. Somit verfügt Grönland über gigatonnenweise Löschwasser für kalifornische Waldbrände. Zusammen mit Hunderten **Eisbären**, die als blutrünstige Abschreckung an der mexikanischen Grenze eingesetzt werden, soll es in Frachtern an die Westküste und den Golf von Amerika befördert werden.

Dank riesiger, im Meer treibender Eisflächen könnte sich Grönland zu einem echten **Steuerparadies** entwickeln – Stichwort »internationale Gewässer«. Die erste schwimmende Teslafabrik ist bereits in Planung. Hier soll Musks nächster Innovationscoup, der Cyber-Sledge, in Produktion gehen.

MEER

Lesen, wissen, rätseln

Text von **Karolin Küntzel**
Illustrationen von **Franco Tempesta**

circon

BILDNACHWEIS

dpa Picture Alliance, Frankfurt: picture alliance 33 u.; picture alliance/WaterFrame 36 o. l.; (c) dpa 37; picture alliance/WaterFrame 38 o.; picture alliance/WaterFrame 39 o.; picture alliance/arkivi 52 o.; picture alliance/chromorange 66 o. + u.; **fotolia.com:** djama 11 M EpicStockMedia 8 o.; Andrey Kuzmin 8/9; Tropical studio 9 o.; doris oberfranklist 10 o.; hecke71 10 M.; helmutvogler 11; Guillaume Le Bloas 13 u.; Anton Balazh 14 o.; Serg Zastavkin 15 u.; Krane 22 u.; Christian Colista 26 u.; wildnerdpix 31 M.; Fluoo 32 u.; ktotam 33 o.; francescopaoli 34 u.; seaphotoart 35 o.; Brian Kinney 36 o. r.; Dmitrijs Mihejevs 36 u.; francescodemarco 37 o.; Aquafoto 38 u.; whitcomberd 39 M.; Richard Carey 44 o.; animaflora 45 M.; Photobeute 45 u.; by-studio 53 o.; Pavel Timofeev 53 u.; Iakov Kalinin 56 M.; corlaffra 57 o.; a454 57 u.; structuresxx 58 u. l.; eevl 58 u. r.; Rhombur 67 o.; **Imke, Anja:** 19; **mauritius images:** 7 o.; **shutterstock.com:** Harvepino 12 o., 15 o.; ixpert 13 o.; Yongyut Kumsri 14; vvoe 16, Shane Myers Photography 23 u.; e2dan 35 u.; Sokolov Alexey 48, Kletr 48, tristan tan 48, Shan_shan 48, Rich Carey 48, yod 67 48; wim claes 59 o.; osmanpek33 59 M.; Elena Valeeva 61, Rätsel-Sticker: Elena11 16, Fotos593 16, leeborn 16, Sven Hansche 16, Valentyn Volkov 17, DenisMArt 17, George Dolgikh 17, Ovnigraphic 17, Cautron Live 17, Castro Cicero 17, Triff 18, ManuMata 18, Azat Valeev 18, GuilhermeMesquita 18, Janelle Lugge 18, Francisco Duarte Mendes 18, Wirestock Creators, corlaffra 18, Damsea 19, 46, mmphotographie.de 19, Katarzyna_Przygodzka 19, Jivko Konstantinov 19, Shane Myers Photography 46, Facanv 46, Marek Mierzejewski 46, Aerial-motion 46, uatari 46, Mariusz W 46, Karl Weller 46, Dark_Side46, panparinda46, Mathias Schroeter 46, Uwe Bergwitz 46, Picture Partners 47, PixelSquid3d 47, Neirfy 47, Eric Isselee 47, 48, Joey_Danuphol 47, FotoRequest 47, Henner Damke 47, Mark Brandon 47, Maria Kovalets 47, Food Impressions 48, Picture Partners 48, JIANG HONGYAN 48, 3drenderings 48, Aun Photographer 54, 55, Matis75 55, vilax 55, Nerthuz 55, Michael Rosskothen55, gdvcom 55, Chones 60, Fokin Oleg 60, s-ts 60, Duda Vasilii 60, PRA SANGKH PHOTOs 60, David J Martin 61, MOHAMED ABDULRAHEEM 61, Deemerwha studio 61, wim claes 61, lazyllama 61, Spaß-Sticker: grafnata, Eva Bidiuk, donfiore, Shaf, Robert Haasmann, reisegraf.ch, Valery Evlakhov, Neil Bromhall, Ed Jenkins, Rainer Fuhrmann, Lukas Walter, Eline Oostingh, Arzu Kerimli, slowmotiongli, Delpixel, Egoreichenkov Evgenii, Kamila Koziol, foto.t-kress.de, Denis---S, Triff, Jacob Krupka, David OBrien, K A STUDIO, Art fantasy, SaiCos Sealife Discovery; **Sonstige:** Urheber: Falconaumanni, Lizenz: cc-by-sa 6 M.; Urheber: Tiit Hunt, Lizenz: cc-by-sa 22 o.; Urheber: expl6397, Lizenz: cc-by-sa 43 u.; Urheber: Narrissa Spies, Lizenz: cc-by-sa 44 M.

Text: Karolin Küntzel (Wissen), Svenja Ernsten (Rätsel)
Illustration: Franco Tempesta
Redaktion: Jennifer Döhring
Fachredaktion Wissen: Lars Wilker
Produktion: Ute Hausleiter
Abbildungen: siehe Bildnachweis oben
Titelabbildungen: U1: Franco Tempesta (ganzseitige Illustration);
shutterstock.com: Robert Spriggs (Delfin), Liliya Butenko (Möwe), BlueRingMedia (Krake),
Tanvir Ahmed Siddique (Schildkröte); adobestock.com: annaspoka (Glühbirne),
Hubba Bubba (Sticker); U4: shutterstock.com: BlueRingMedia (Hummer, Fisch),
adobestock.com: Abdie (Hintergrundelemente)
Gestaltung: Enrico Albisetti (Wissen), Editors Genie (Rätsel)
Umschlaggestaltung: Irina Gilgen, Köln

ISBN 978-3-8174-4683-4
381744683/1

www.circonverlag.de